天下常熟 青史谁书

——改革开放40周年经济人物纪实

常熟日报社 编

中国·苏州
古吴轩出版社

图书在版编目（CIP）数据

天下常熟　青史谁书：改革开放40周年经济人物纪实 / 常熟日报社编. -- 苏州：古吴轩出版社, 2019.11
ISBN 978-7-5546-1455-6

Ⅰ. ①天… Ⅱ. ①常… Ⅲ. ①企业家—生平事迹—常熟—现代 Ⅳ. ①K825.38

中国版本图书馆CIP数据核字(2019)第253268号

责任编辑：俞　都
见习编辑：黄菲菲
装帧设计：刘　浩
责任校对：徐小良　江莺华
特约校对：潘家荣
责任照排：刘　浩

书　　名：**天下常熟　青史谁书——改革开放40周年经济人物纪实**
编　　者：常熟日报社
出版发行：古吴轩出版社
地址：苏州市十梓街458号　　邮编：215006
电话：0512-65233679　　传真：0512-65220750
出 版 人：钱经纬
印　　刷：无锡市证券印刷有限公司
开　　本：787 × 1092　1/16
印　　张：13
版　　次：2019年11月第1版　第1次印刷
书　　号：ISBN 978-7-5546-1455-6
定　　价：58.00元

四十年，一代人，一座城

托尔斯泰曾在《战争与和平》中说：历史是国家和人类的传记。我的理解是，城市和历史，其实是千万人的梦想传记。

正如常熟历史中，有两个人天下闻名：一个是“状元宰相”“两代帝师”翁同龢，他代表着常熟的文脉传承、官运昌隆；一个是美丽勇敢的“阿庆嫂”，她源自民间，成型于现代京剧《沙家浜》，“垒起七星灶，铜壶煮三江”，是敢闯敢拼，有原则又有智慧的常熟人的形象代言人。

那是1979年，样板戏的余韵未了，一位老人在南海边画了一个圈，伟大的改革开放就此拉开了壮丽的帷幕。随着《甜蜜蜜》的曲调响起，大锅饭成为往事，常熟人民通过自己的勤劳与智慧，使得中国第一服装名城就此起步。常熟服装（交易）城始建于1985年5月，经过34年的努力，已成为全国大型的服装服饰专业市场，“几台缝纫机，绣出了常熟当代经济史”。

1996年，常熟港对外开放，步入国家一类开放口岸行列，23年来，从一个内河小港，发展成为上海国际航运中心北翼的重要港口，2017年完成吞吐量8829万吨。

2005年，“神舟六号”飞船上天，中国各大一二线城市的新城CBD（中央商务区）建设正如火如荼。当时，浦东已成影响中国的金融中心，而南京奥体新城CBD、苏州金鸡湖刚刚开始发力建设。世茂适逢其会，以超卓、超前的眼光，尊重认可常熟的城市新CBD诉求，用70亿元巨资作为“聘礼”，开始与常熟携手共进的壮阔旅程。

2008年，常熟地区生产总值破千亿元；2018年，常熟地区生产总值超2400亿元。简单的两个数字里，含着这座城市中千万人的不懈努力。这本厚厚的书，便是常熟奋斗者们的代表，为我们讲述那火热的岁月。我们深知：功不唐捐，玉汝于成。用一句时尚的话来说：走过的路，每一步都算数。

把时光写进书里，把奋斗写进书里，把足迹与泪痕写进书里，把汗水与日月写进书里。这本书，是世茂对常熟城市精神的尊敬，是世茂与常熟精英人物的相惜，是世茂记录自己与常熟共生共长历程的备忘录。

四十年，一代人，一座城。特以此书记述常熟改革开放四十年历史，致敬每一位在常熟青史册上留下光辉履迹的人物。

世茂集团副总裁 苏沪地区公司董事长兼总裁

目 录

特殊贡献经济人物

杰出经济人物

小小螺丝钉闯出行业大市场

——记常熟市常力紧固件有限公司总经理包正芳

◎姚解英

"不积跬步，无以至千里。"这是常熟市常力紧固件有限公司董事长兼总经理、党支部书记、科协主席包正芳的座右铭。

1983年，包正芳踏上了工作岗位。为全面了解公司运营状况，他坚持从基层做起，与员工打成一片，先后从事冲床、模具、质量检验、业务、技术、设备工装等工作，任副总时分管生产、技术、质量、销售等工作，在实践中逐渐成长，不断积累，为日后带领公司发展打下了扎实的技术功底与实战能力。

1994年，包正芳被任命为常熟市常力紧固件有限公司总经理。任职初，他便深知技术创新与产品开发对企业发展起着至关重要的作用。于是，他以身作则，刻苦钻研，将理论与实践相结合的理念充分融入公司文化建设，带领团队自学机械制图、紧固件设计、材料力学、热处理等知识。多年的实践经验，丰富的理论知识，为实现公司的发展目标夯实了基础。

1998年，是常力发展史上的一个重要年份。这一年，公司实现了从单一的低端螺母制造向汽车零部件高强度紧固件制造的重要突破。这一年，包正芳敏锐地捕捉到汽车行业发展所带来的市场契机，经过一系列市场调研，客户资源、内部资源与能力分析，对产品进行重新定位与调整。这一年，在他的带动下，通过公司营销、技术、生产等各团队的不懈努力，公司成功进入南京依维柯跃进汽车供应商体系，实现了产品向高强度、非标类汽车紧固件的成功转型，向汽车零部件行业迈出了成功的一步。凭借卓越的战略眼光、勇于开拓的精神、扎实的技术基础以及紧密团结的团队力量，秉承“诚信、敬业、创新、精良”的企业精神，至今，公司已成为中国重汽、上汽大众、一汽解放、江铃全顺、吉利汽车、上汽大通、北汽、蔚来汽车、南京依维柯、观致汽车、路虎汽车等国内外20多家大型汽车整车厂的一级配套供应商，并连续被客户评为“A级供应商”和“优秀供应商”，在行业内树立了良好的口碑，行业地位稳步上升。

在科技飞速发展、行业竞争日趋激烈的时代，包正芳抵制住了短期逐利的诱惑，不忘初心，坚持本心，脚踏实地，发扬“小小螺丝钉”精神，带领团队紧跟汽车行业发展方向，继续开拓汽车零部件市场，走技术改造、科技创新之路，全力打造常力品牌。以稳健发展为前提，近三年，公司每年投入2000多万元进行自动化、智能化、信息化技术改造。2017年，公司成为常熟市两化融合企业、“小巨人”企业和“智能装备改造”示范企业。在产品研发上，以包正芳为首进行的研发项目就有50多个；突破一系列技术壁垒，创新生产工艺，申请专利38项，其中申请发明专利21项。公司于2016年成功申请江苏省高新技术企业。紧随国家对节能、环保、安全等的宏观调控目标，汽车行业的新能源项目层出不穷，对零部件行业提出了轻量化、高强度的新考验和要求，企业的技术研发能力成为关键指标。为适应市场需求，他于2017年成立常熟市常力紧固件有限公司科学技术协会，并担任协会主席，主持协会工作，按照公司发展的总体规划，以形成关键技术和核心技术为目的，研究、推广机械制造业（特别是零部件制造）的新技术、新产品、新工艺和新材料，为推动企业人才培养、营造良好的学习与创新氛围起到了模范带头作用，组织发动内部研发项目的开展。其中，“一种高耐蚀三价铬钝化膜生产工艺的研发项目”获评2017年度常熟市科技人员创新行动优秀项目，企业内部聚集了一系列年轻的科技型人才，使企业能适应行业发展的需求，遵循“优胜劣汰”的市场竞争规则，把握机遇，稳固市场份额。

面临日趋严峻的市场形势，除了技术创新、市场开拓，提高管理水平、降本增效是企业生存发展的永恒主题。包正芳时刻保持清醒，警惕市场风险，虚心学习，吸取同行先进经验，积极参与行业论坛，利用各种平台与社会资源来积累、提升自己的综合素质与能力，使自己不囿于区域性与年龄的限制，扩大视野，认真总结自身缺陷，积极整改提升，与时俱进，综合运用IATF（国际汽车工作组）16949、ISO（国际标准化组织）14000、二级安全标准化以及ERP（企业资源计划）信息化系统作为内控工具，引进管理人才，对公司日常运营进行科学管理。

“不积跬步，无以至千里”这句话贯穿于他的日常工作中，他所带领的常力公司也从原来几百万元产值的小型制造工厂发展成为当地实力雄厚的民营企业之一。截至2018年末，公司总资产2.7亿元，员工500多人。公司近两年工业产值和销售产值都保持在3.5亿元以上，销售市场遍及全国。公司2016—2018年年均上缴税款1750多万元，荣列常熟市碧溪新区纳税大户，实现了企业与国家的双赢。

积累、沉淀、创新、发展之路，使包正芳更加珍惜来之不易的成绩。作为一名优秀的共产党员，他注重自身的政治素养和社会责任，在做好企业经营管理的同时，积极参与并配合政府综合治理，推动区域经济和慈善事业的发展。公司每年都要投入300多万元作为环境整治与安全生产的专项资金，按照IATF16949、6S现场管理、ISO14000、二级安全标准化等标准认真实施，落实到位。公司参与路虎、观致新项目的供应商竞标，推动零部件的国产化转换，投资2000万元成立轮胎装配项目组，满足两大整车厂的整车上线需求，推动区域经济的发展；参与工商协会工作，响应协会号召，积极参与各种团体和社会募捐等公益活动，2017年度向常熟市慈善总会（基金会）捐款20万元，乐于奉献的精神充分展示了良好的社会形象，得到了公司员工、社会以及政府的一致认可。包正芳个人曾多次被评为优秀厂长（经理）、优秀企业管理者、优秀党员，获得常熟市级“光彩之星”等荣誉称号；2017年成为常熟市慈善总会会员；2018年成为碧溪街道慈善会荣誉副会长。

36年的职业生涯，包正芳品尝着发展路上的种种酸甜苦辣，他已将自己和常力公司紧紧地联系在一起，用他自己的话来说，他的成功，离不开一群志同道合、为目标而努力的战友，离不开勤奋朴实的员工们的不懈努力，也离不开广大社会群体和政府部门的支持与关爱，更离不开中国共产党的正确路线的指引，离开了这些，就谈不上他个人的发展，也就更没有他今天的成就。朴实无华的语言，折射出一名优秀共产党员的信仰和价值理念，更体现了一位优秀企业家的“工匠精神”。相信在他的带领下，常熟市常力紧固件有限公司会发展得更好，走得更稳、更远。

“让百姓过上好日子是我的终生追求”

——记常熟市支塘镇蒋巷村党委书记常德盛

◎周琪

2018年是常德盛在蒋巷村主职岗位上奋斗的第53个年头。1966年，他刚担任村大队长时，蒋巷村还是一个“小雨水汪汪，大雨白茫茫”，“泥墙草房、穷土恶水、疾病横行”的贫困村，90%的人患有血吸虫病，30多岁小伙子半数娶不上媳妇。如今，蒋巷村已发展成为全国农村现代化建设示范村、全国文明村。蒋巷走过的路，每一步都离不开党的政策指引，离不开各级党组织的关怀帮助，离不开蒋巷党员群众的不懈奋斗。

50多年来坚持艰苦创业，让蒋巷实现强村梦想

发展难、创业难，但千难万难，不干最难。50多年前的蒋巷，是常熟最贫困的地方。常德盛刚当蒋巷大队长时，集体账上只有3毛6分钱，村民人均年收入不足70元，召开第一次生产队长会议时，连条凳子都借不到。村民们做梦都在渴望有一天能过上好日子。

面对当时蒋巷落后的面貌，常德盛坚信“富不是天生，穷不会生根”，只有落后的干部，没有落后的群众，只要把群众的积极性调动起来，“天不能改，地一定能换”。为了治水改土，蒋巷村投入劳动力6万余工，花10多年时间，硬是用一根根扁担、一只只筐，将1700亩低洼田填高1米多，建成了旱涝保

收的优质粮田。如今的蒋巷，田成方、树成行、渠成网、路宽敞，处处彰显江南水乡的特色田园美景。蒋巷从2016年开始探索种植不用化肥、农药的稻谷，2018年扩大到800亩。大米品质显著提高，成为旅游产品，在线上线下销售。

改革开放后，蒋巷村不再满足于做农业“样板村”，决心打好工业翻身仗。但是办企业，首先碰到的难题是缺资金、缺人才。经人牵线搭桥，常德盛结识了一个“神通广大”的外地人，可没想到那人是个骗子，常德盛被骗金额高达200万元，相当于蒋巷村几十年的劳动成果，这对蒋巷村来说简直是灭顶之灾。当时，15家法院跟常德盛打官司，逼债的人挤破了门，常德盛感到天都要塌下来了。有人劝他破产规避，可他觉得这是利用法律来“赖账”，以后还怎么跟人家做生意？常德盛告诉逼债的人：“蒋巷人重诚信，只要我有一口气在，一定能把你们的钱还上。”他顶着压力，咬紧牙关，秉持“四千四万”的精神，发展乡村经济。最多的一年，常德盛磨破了4双皮鞋。从无到有、由小到大，蒋巷建成了当时华东规模最大的轻、重钢结构及轻质建材企业，迎来了工业富民的“财富拐点”。

米袋子、钱袋子鼓起来后，蒋巷人在思考怎样实现“常青树”式发展，打造“绿色蒋巷，优美蒋巷，整洁蒋巷，和谐蒋巷，幸福蒋巷”。1991年，蒋巷村忍痛推掉年创利100多万元但污染严重的化工厂。20世纪末，常德盛从一条“麦子下岗，竹子上岗”的新闻中受到启发，先后投入上亿元，大力发展农村生态观光旅游产业，建成全省首家三星级村级旅游宾馆。2017年，蒋巷村的三产总产值达到了10亿元，村民人均收入4.5万元，人均社区股份制分红9000元。

50多年来，常德盛总觉得时间不够用，白天干，晚上想，很多个夜晚都是在失眠中度过的。他这样拼命地工作，就因为他发过誓：“一定要让蒋巷人过上好日子！”

50多年来致力共同富裕，把蒋巷建成幸福家园

村干部“说话响不响，腰杆硬不硬”，群众不看你喊了多少口号，而是看你到底干了多少实事，能不能带领大家共同富裕。“我就想让村民生活得更好

些”，常德盛说，要把村级经济发展的成效体现到全村百姓的共同富裕之中，让每个村民都过上又富又安的好日子。如今的蒋巷村：

致富有岗位。坚持勤劳致富，让人人有事干、人人都有适合自己的事干。蒋巷村百姓宜工则工——凡适合在企业工作的，到集团所属企业，实现充分就业；宜农则农——让耕地向种田能手集中，全村1200多亩粮食基地由16人耕种，收入不比务工者低；宜商则商——村里统一建成一批三产房，提供给愿意经商的小老板们，并为他们解决流动资金问题；宜副则副——在副业方面有兴趣和特长的村民从事养鱼、养鸭等副业；宜重则重——文化较低、身强力壮者从事修桥、铺路等重活；宜轻则轻——年老体弱者则干些绿化管理、清洁卫生等公益性事务，年收入也在万元左右。

住者有美居。幸福的蒋巷，宜居的家园。依靠工业发家，村里积累了一定的财力，并把一部分投在了新农村建设上，分两批建成192幢“小洋房”，每幢建筑面积220多平方米，造价近30万元，只向村民收取12.8万元。别墅区内绿化面积达50%以上，建有农民剧场、商贸街、文体活动中心、农贸市场等配套场所。目前，全村村民全部搬进了电话、宽带、太阳能热水器、天然气等配套设施一应俱全的新村别墅，过上了比城里人还好的生活。

老者有颐养。蒋巷村村民男58虚岁、女55虚岁起即可开始按“老”取酬，每月可领取600至2200元养老金，并由村里统一提供优质口粮。鼓励老人与子女同住别墅房，对共同生活的家庭里的老人每年给予2000至3000元的奖励。同时，为让老年人过上舒心、自由的日子，村里建设了158套老年公寓，按三星级标准配套用具，宽敞舒适、环境优美，免费给老人使用。全村实现养老保险全覆盖，做到“基本生活包，老残有依靠”，彻底解决了村民的后顾之忧。村民们说：“以前养老靠子女，现在养老靠集体。”

学习有奖励。蒋巷村以有其学、优其学、乐其学、终身学的理念，发展优质教育普惠村民，幼儿园和小学宽敞明亮的教室可以和城里的媲美。幼儿园全免费，中小学实行“两免一补”，品学兼优者还能得到奖学金。如果考上大学、考上博士或出国留学，另有“重奖”。村里投资建立了江苏省青少年社会实践和德育教育基地，对青少年进行爱国主义教育。

看病有优惠。社区医疗服务站为村民提供方便、快捷、优质的医疗卫生服务，每年免费为村民提供一次健康体检，并为鳏寡独居老人和残疾人提供家庭病床访视服务和康复指导服务。村民有什么病痛，医务人员随喊随到。农民合作医疗保险除市、镇资助外，个人分担部分全部由村集体补助缴纳。农民看病除享受合作医疗保险规定的医疗费报销外，个人承担部分村里补助50%至60%，大大减轻了村民的医疗负担。

50多年来培育核心价值，让蒋巷沐浴文明新风

做好任何事情，都得靠人。没有富脑袋，鼓起的口袋也会瘪下去；没有一代代新农民，再多的积累迟早也会被耗光。蒋巷在发展历程中，坚持用先进文化引领乡土文化，以现代文明培育乡风文明，努力建设和谐文明的精神家园。

用蒋巷精神激励人。蒋巷村发展的背后，有一种强大精神力量的支撑，这就是以“率先争先”为核心内涵的蒋巷精神。蒋巷人坚信“富不是天生，穷不会生根”，以“率先争先”激励创业斗志，以“团结拼搏、务实创新”营造创业氛围，遭遇挫折、绝不放弃，经受风雨、意志弥坚，历经艰难、勇往直前，坚定不移地走科学发展之路，把蒋巷村建设成为社会主义新农村的一方乐土。财富有价、精神无价，蒋巷精神激励和引领蒋巷人不断开拓新境界、创造新业绩，成为蒋巷村的兴业之宝、繁荣之基。

用先进文化发展人。多年来，蒋巷村把创建学习型家庭、培育知识型农民作为精神文明建设工程的“重头戏”来抓，推动先进文化在农村广泛传播。1997年，村里成立了“农民读书协会”。2000年，村里全面发动家庭参与读书学习活动，要求基本理论深学、科学知识精学、修身知识勤学、急需知识先学、文明知识多学，做到人人是学习之人，家家是学习之所。村里自办广播电视信息窗栏目，图书馆每天免费开放，每年向村民家庭赠阅《苏州日报》等“四报二刊”，鼓励村民撰写读书笔记。蒋巷村每年开展“读书学习先进家庭”评选活动，表彰学习型家庭180户左右，发放奖金30多万元。学习型家庭成为蒋巷人提升素质的重要载体和自觉学习的终身学校。

用现代文明提升人。蒋巷村成立了“文明村民学校”，深入开展“文明单位”“文明家庭”“文明村民”等系列文明创评活动；根据蒋巷实际，把精神文明建设的要求具体化，倡导“三守”“六爱”，即“守法、守约、守信誉”，“爱党、爱国、爱蒋巷，爱亲、爱友、爱自己”；开展“崇尚文明、告别陋习”“清洁庭院、清洁河道、清洁村庄”等主题实践活动，推动形成文明新时尚。村民都说，多一个球场、少一个赌场，多一张书桌、少一张牌桌，多看些名角、少了些口角。

村子是个小社会，没有规矩不成方圆，也办不成事。2018年，蒋巷村第5次修订《村规民约》及奖惩制度，印发每家每户。蒋巷村积极推进法治型基层党组织建设，开设法律讲堂，建设法治公园，一步一步推动农村治理法治化。蒋巷实现20多年无上访集访、无封建迷信、无黄赌毒现象，成为一个安定祥和、其乐融融的大家庭。

50多年来坚守党员本色，让蒋巷精神代代相传

“入党不是入股，当干部不是当老板。既然选择了当村干部，就要做到尽心、尽职、尽责，站得直、坐得端、行得正。”常德盛说，村里是个熟人社会，要把事情做好，最根本的是办事公道。

从担任村支书以来，常德盛就给自己规定“三不原则”：不吃请、不受礼、不徇私。后来，他又立下“三不规矩”：不拿最高工资、不拿最高奖金、不住最好房子。50多年来，他少拿了130多万元的岗位报酬；兼任集团董事长时，从未拿一分钱，几百万元的绩效奖励分文未取；企业改制时，数千万元的股份全部留给了全体村民。有人说他傻，个人利益都不要。他说，他不是什么都不要，他要的是对蒋巷精神的坚守和传承，要的是村民都说共产党好、社会主义好、改革开放好。

财富有价，精神无价。常德盛现在最大的心愿，就是在“农业起家、工业发家、旅游旺家、生态美家”的基础上搞好“精神传家”。他在任每一天要做好每一件事，要让习近平总书记视察江苏时提出的“强富美高”要求在蒋巷村逐步变为现实。“我老常总有退休的一天。在我退休之前，我一定会带好身

边一班人，把我几十年的心得体会和感悟，毫无保留地传给他们、教给他们，为培养新一代强村富民、共同富裕的社会主义新农村建设带头人尽绵薄之力，用蒋巷精神激励每一个年轻的蒋巷人，遭遇挫折时绝不放弃，经受风雨后意志弥坚，历经艰难后勇往直前，让蒋巷精神薪火相传、长盛不衰。”常德盛说。

20年砥砺赢掌声

——记特别特服装有限公司董事长、总经理陈斌

◎方国成

江南是一个富饶而又人才辈出的地方，常熟是江南物华天宝、人杰地灵的宝地，宝地北隅坐落着一个枕着长江、“衣被天下”的小镇，这个小镇叫海虞。海虞的南郊有一群建筑，错落有致的布局，透露出一种水乡的灵气。建筑的色彩是青灰的，线条笔直，棱角分明，在周围民宅的衬托下显得格外亮眼。这座建筑的名字叫“特别特服装有限公司”，它的主人就是特别特服装有限公司董事长、总经理陈斌。

走自己的路

精明、干练、和善，这是陈斌给人的第一印象。他是个地道的苏州人，一口纯正的吴侬软语，一开口就自然而然地流露出亲切和善意。

他有一个精明能干的企业家父亲，早在20世纪80年代，他的父亲就已经是一个年产值上千万元的服装厂的老总，在那个年代，这样的成绩是足以让人们仰望的。不用怀疑，只要陈斌愿意，他可以舒舒服服地在苏州城里当一个衣食无忧、潇洒度日的“少爷”；或者可以借着父亲的帮助，躲过充满风险的初创时期，顺利接管服装厂。不过，这都不是他的选择。他不屑于锦衣玉食的富裕生活，也不愿站在父辈的肩膀上去摘星星。他有比父辈更高的目标、

更远大的理想，他喜欢在荆棘丛生的密林中，用自己的智慧和努力，走出一条属于他自己的路。

1996年，正是陈斌的而立之年，他只身离开苏州，来到海虞，凭着他前十年在生意场上的积累，买来60台缝纫机，招聘了80名员工，开始了艰辛的创业路。

创业路上

一个外地人，到这个服装企业比篱笆扎得还密的服装堆里办企业，就像在白浪滔天的大海里游泳，头还没抬，就有可能被淹没在汹涌的浪涛中。不过，陈斌甘做一个勇立潮头的弄潮儿，他觉得，与白浪滔天的沧海搏斗，方显英雄本色。在海虞，有的是有丰富管理经验的管理人员和熟练工人，有的是求之不得的竞争对手。正像一个勇猛的拳击手，只有不断地寻找实力超群又同样勇猛的拳手比拼，才有机会成为世界级拳手。竞争可以让企业迸发出强大的动力，希望往往在拼搏和竞争中诞生。

创业的道路是艰辛的。创业之初，凭着一股韧劲和不畏艰难的拼劲，规范、制度、培训、推介、招商、营销……内外兼修，在极短的时间内，企业就走上正轨，在海虞镇站稳了脚跟，并逐渐发展壮大为远近闻名的企业，"特别特"也成为市场上叫得响的著名品牌。2004年，陈斌投资1000万元，扩大企业规模。凭借精致的工艺和卓越的品质，公司成了美国保罗成尔集团在中国地区的总代理，全面操作保罗成尔服饰的生产和销售，企业从此走上规模化的道路。

创新是企业的灵魂，是企业前进的不竭动力。庄子曾经说过，浅水载不起大船，杯水只能漂起草叶；风积累不厚载不动大鹏的翅膀，只有九万里的长风，才能托起大鹏翱翔九天。要让企业像大鹏一样飞上蓝天，就要在强化管理的基础上，不断创新，不断推出新品、精品。创新需要人才，陈斌将精力重点放在设计队伍的建设上。他通过公司招聘、朋友介绍，重金聘请著名设计师，与温州、广东等地的专业设计公司合作，通过委托设计、"时尚买手"获得最新流行的服装款式，博采众长，将这些款式融合创新，设计出"款款都特别”的特别特新品，实现了“个性化”“时尚化”的设计理念，使特别特服装逐渐在市场中站稳了脚跟，赢得了市场的认可，企业也一步步发展壮大。近年来，随着企业经营成本的提高，许多服装企业渐渐淡出了市场，但特别特公司依然保持着较强的生机和活力。

求变是企业生存的法宝。为适应男装同质化愈来愈激烈的竞争，陈斌经过市场调研后发现，由于差异化不足，部分知名品牌的服饰同类款式多，难以迅速占有更多的市场份额，而另一部分缺乏知名度的企业的产品则销路不畅。于是陈斌决定，凭着自己雄厚的实力、过硬的质量，另辟蹊径打出“温州工艺，常熟价格”的旗号，开始了贴牌生产。很快，波司登、太子龙、才子、富贵鸟、金盾、劲霸、海澜之家等一大批国内著名品牌企业纷至沓来，与公司签订合作协议。

在陈斌的眼里，员工是他的衣食父母，没有了员工，也就没有了企业。“以诚相待，以情相交”，是陈斌对待员工的原则。每当节日，陈斌都会给员工送去礼物，以表达公司对员工的关心。每年春节后都会有一批新员工进厂，公司就会趁着元宵节举行迎新酒会，让新员工一进厂就感受到企业的温暖。对来自全国各地的专业人才，陈斌不仅给他们充分发挥才能的机会和空间，促其进步，在生活上给他们贴心的关怀，还投资100万元为他们建起了一幢三星级的宿舍楼，分给公司骨干每人一套。陈斌对那些初心不改、不离不弃，常年坚持在公司工作的老员工更是关怀备至，2016年还为在公司连续工作15年以上的五名员工颁发荣誉证书和奖金，表彰他们对公司不变的初心和为公司做出的贡献。为鼓励员工积极上进，陈斌把每年表彰奖励先进，定期评选厂级劳动模范、先进生产者作为制度固定下来，真正做到了“关爱员工，爱护第一生产力”。

诚信是为人之本，也是企业生存之道。创业之初，陈斌靠诚信赢得众多朋友的帮助；创业以来，陈斌更是把诚信作为企业的生命。有段时间，服装市场十分低迷，许多服装企业老板年初承诺百分之百退货，但后来大多为一时的利益背弃了诺言，使得许多代理商都吃了亏。面对惨淡的市场，虽然公司本来就压着大量成品，但陈斌二话没说，把代理商所有的退货都接了下来，兑现了年初的承诺。陈斌的行为深深感动了代理商们，大家都竖起大拇指说，这样的老板值得一起干。第二年，来和陈斌合作的代理商增加了许多。“顾客是上帝，市场是铁面无私的审判官，你对别人诚信，别人也会以诚相待，市场上就会有你的立足之地。”这就是陈斌20多年创业得出的箴言。

企业的成功，除了要有质量过硬、适销对路的产品，还要有高超的宣传策略，以过硬的产品做后盾，宣传自己、推介自己，提升公司和产品的知名度，扩大公司和产品的影响力。就像一个人，既要有良好的内在素质，又要有良好的外在形象。创业之初，陈斌一方面抓紧筹备开业，另一方面组织人力在自己企业的内部，在常熟和周边县市户外进行广告宣传，到企业开业时，“特别特”已成为周边县市百姓中耳熟能详的品牌。企业成立20多年来，人们几乎每天都能从报纸、电视、会展等不同渠道看到特别特的广告。而陈斌自己就是一个推介公司和产品的高手，他常常利用自己参加各种会展、会议的机会推广自己的品牌，宣传自己的企业。特别特能成为全国著名品牌，能和波司登、海澜之家、劲霸等全国著名品牌成为合作伙伴，与美国国民品牌Ralph Lauren（拉芙·罗伦）达成长期战略合作并成为其全球采购供货商，与企业的开发设计能力、过硬的产品质量和良好的信誉密不可分。

不忘初心

陈斌是一个成功的企业家，也是一个令人钦佩的慈善家。他常说，我能尽力多奉献一点，社会就多一份温暖，多一份阳光，多一份安宁。公司创建以来，他始终不忘初心，积极以实际行动回馈社会，几乎每年都要捐资为当地百姓办实事：为府东村铺路，重建老年活动室，资助贫困儿童，为所在村老年活动室订阅报刊、购买图书，逢年过节慰问敬老院、公安、消防队等。汶川地震发生后，他带头发动海虞服装商会捐款捐物，共捐80多万元现金和价值600多万元的服装，组织30多辆卡车送到苏州西站，得到苏州市领导的表扬。2018年，他捐出现金167000元，其中捐义警活动费100000元，捐重病员工5000元，捐常熟市慈善总会30000元，捐贫困学生助学款2000元，捐海虞镇慈善分会20000元，捐义警活动费10000元；捐出物资价值达17万元，其中在常熟市纺织服装协会的带领下向贵州省铜仁市思南县宽坪乡胜利村村委会捐赠羽绒服200件，帮助苏州援疆医疗队向新疆阿图什市特殊教育学校捐赠服装186件，向苏州大阳山文殊寺捐赠羽绒服60件。2018年1月，他在常熟市工商业联合会的带领下，向贵州省铜仁市思南县双塘清塘安置点捐赠了448件羽绒服，价值达15万元。20多年来，他累计捐款捐物达400多万元。由他发起组织的“特别特义警中队”，每天组织两名队员风雨无阻地开展护校行动，得到了学校和家长的一致好评。2017年7月，陈斌与中国人民解放军驻常熟某部正式签订《军民共建协议书》，开启了军企共建项目，建立健全了军企联动机制，加强军企双方的联系沟通和学习交流，强化军企间的信息互动，进一步深化了军企“鱼水情”。

陈斌辛勤的付出，也为公司赢得了荣誉。公司20多年来先后获得江苏省服装行业50强企业、苏州市青年文明号、苏州市“光彩之星”等荣誉；陈斌本人是苏州市政协委员、常熟市人大代表、苏州市五一劳动奖章获得者、江苏省工商业联合会执委、江苏省工商业联合会服装业商会副会长、苏州市民营企业协会副会长、苏州市工商业联合会（总商会）常委、常熟市纺织服装协会副会长、常熟市义警总会副理事长、常熟市公安局行风监督员、常熟市社会治安巡访员等。

"五步棋"技术领先国内同类企业

——记常熟市电力机具有限公司董事长、总经理陈月良

◎邹耀明

1973年，陈月良进入常熟市电力机具有限公司工作，历任车间班组长、车间主任、主管生产副厂长，2000年被任命为电力机具公司党支部书记，2012年出任公司董事长、总经理（法定代表人）。

上任伊始，正是国家电网建设的兴旺时期，同时国内多地生产同类产品的企业如雨后春笋般出现，公司遇到了前所未有的竞争压力。这家以生产电力线路施工机具为主，服务于全国各省和自治区的送变电工程公司，产品在国内同类型企业中处于技术领先地位，在广大用户间拥有良好声誉的企业。要如何继续主导市场、保持施工机具龙头企业的地位？陈月良深思熟虑后，下了"五步棋"。

第一步棋，他引入先进的企业管理理念和管理模式，用于指导企业的各项管理工作。为了进一步加大企业管理力度，他与公司董事会人员反复讨论研究，制定并健全了切实可行的企业管理规章制度和绩效激励机制，并且身体力行，充分调动和提高了全体员工奋发进取的工作积极性和企业兴旺、人人有责的思想意识。

第二步棋，他组织销售人员一起分析探讨如何扩大销售网络、开辟渠道途径，努力开拓销售市场，将全国的销售网络划分区域进行管理，明确各区域

的业务主管和营销要素，赋予营销人员更多的职、权、利，重奖营销业绩突出人员，极大地调动了营销人员奋力进取的工作积极性。

第三步棋，他不断加大和加强高新技术产品的研发力度。陈月良清晰地认识到：要想抢占产品销售的市场制高点，就必须有过硬的产品质量来支撑。因此，他瞄准电力施工机具市场前沿，着力开发电力施工机具高新产品，并对老产品进行升级，投入巨资用于科研开发和技术创新。为了获得第一手资料，不管是烈日炎夏，还是数九寒冬，他总是带领科研、试制人员一起反复试制，先后成功研发出SY-B系列超高压液压泵、SY-J系列导线压接机、SKLX抗弯-旋转连接器、SK系列卡线器、CJM系列机动绞磨机等一大批科技含量高、市场需求量大、质量性能堪与国外同类产品相媲美的新颖产品。2014年，受中国电力科学研究院委托，他带领团队为新型导线JL1/G3A-1250/70、JL1/G2A-1250/100研制卡线器。因导线直径、载荷较大，且用于高空紧线作业，故要求卡线器重量要轻。陈月良带领科研队伍，经多轮试验，研制出的卡线器获得了电力科学研究院的认可，并通过了型式试验。此外，他带领团队拓宽了机动绞磨产品序列，研制出CJM-Q/2-5双滚筒绞磨机，为送变电施工企业提高工作效率提供了可靠保证；为增强企业后劲，陈月良与常州轻工职业技术学院（现为常州工业职业技术学院）联系，签署了产学研合作协议，三年时间内，每年甄选2—3名优秀青工至常州轻工职业技术学院进行半脱产培训，进行人才储备；利用学院的技术优势，计划在2019年完成机动绞磨自动控制装置、导线自动压接机的试制及小批量生产，为大批量生产打下坚实基础。

第四步棋，逐步加大产品生产力度。几年来，公司重点将资金用于生产设备更新，引进了数控车床、数控加工中心等数控设备，有效减轻了员工的劳动强度，产品质量得到了进一步的保障。2015至2017年，国家电网建设进入高峰期，公司的施工机具产品因质量可靠、性能稳定得到了全国各省、市送变电工程公司等电建部门的普遍好评，被广大电建部门指定为首选产品。

第五步棋，安全生产工作常抓不懈，坚持“安全第一、预防为主、综合治理”的方针，认真开展安全生产三项行动，即安全生产宣传教育行动、安全生产执法行动、安全生产治理行动，把安全生产工作作为以人为本、保安全、促效益的重点来抓，纳入安全管理目标体系。"安全压倒一切"已成为公司安环部工作的前提，公司也充分认识到了安全生产工作的责任感、紧迫感和使命感。2013年以来，公司实行以总经理为安全生产第一责任人的安全生产三级责任制，且建立健全以岗位制为重点的安全生产责任制，完善了安全生产管理网络，逐级分解，具体到每个人的目标，明确安全职责，把安全生产责任落实到每个环节、每个岗位、每个员工，实现全员、全过程、全方位的安全管理。

陈月良既是企业的领头羊，也是奋战在基层的党支部书记，他时时刻刻以优秀党员的标准严格要求自己，牢记"全心全意为人民服务"的宗旨，思想上始终与以习近平同志为核心的党中央保持高度一致，坚持党的基本原则，拥护党和国家的路线、方针、政策，认真学习习近平新时代中国特色社会主义思想，抓住"两学一做"学习教育常态化、制度化的有利时机，积极参加各种政治教育和党课学习，牢固树立"四种意识"，努力提高自身的思想理论水平，自觉把共产党员的先进性要求落实到日常工作中，较好地发挥了一名党员的先锋模范作用。

在抓党建方面，他带领支部一班人，严格遵守党章与镇党委制定的各项规章制度，认真落实"三会一课"制度，坚持"三会一课"五统一，扎实开展"七项重点工作"回头看，持续推进"两学一做"学习教育常态化、制度化，坚持以主题党日活动为切入点，丰富党员活动内容，先后吸收了8位优秀青年加入党员队伍，增强了企业党支部活力，增强了企业攻坚克难的力量。

公司在电力施工机具行业取得了较好的成绩，多次受到上级党委、政府的一致好评，公司党支部也连续多年被评为先进党支部。作为一名基层党员干部，他崇高的职业理想、严谨的工作作风和无私的奉献精神，彰显着一名共产党员的本色。他坚持服务支部、服务群众，在自己平凡的岗位上做出了不平凡的贡献。

陈月良始终把群众利益放在第一位，一直本着"群众利益无小事"的理念，把抓好扶贫帮困、解除员工后顾之忧作为工作重点，协同公司有关部门，创造条件，不断提高员工福利待遇，建立企业"关爱基金"，帮助员工解决生活上的困难。他关爱特殊群体，时常看望及慰问生病住院员工、丧亲员工、特困员工和离退休员工，积极为员工办好事、办实事，使企业成为“员工之家”，提升了企业的凝聚力、向心力。

功夫不负有心人。公司产品先后获得了国家知识产权局颁发的26项专利证书，其中有12种产品是由陈月良自己组织设计研发的。公司拥有各类锻造、切削机床及热处理等生产设备112台（套），拉力试验机，里氏、洛氏硬度计，材料冲击试验机，原材料理化检测、无损检测等设备31台（套）。公司拥有机动绞磨机、卡线器、旋转连接器等一批主导产品，具备了年同时完成超高压液压泵（压接机）1500台（套）、机动绞磨机2500台及各类卡线器4.5万把的生产能力。2015至2017年，公司共上缴税款4480万元。

时代在前进，企业要发展。2019年开始，新一轮的电网建设“五交五直”即将来临，如何在新形势下做大做强企业，如何使企业产品在激烈的市场竞争中赶超国外发达国家的同类产品并能与之相抗衡，如何在全国电力施工机具生产行业中真正成为排头兵、领头羊？陈月良与董事会一班人分析研究，超前决策，倾情规划。目前企业腾飞的新一轮发展思路已经形成，企业的发展规划蓝图已经由他主持描绘，要实现厂容环境全改貌、机械设备换数控、产品质量成标杆、人均年纳税超10万元。如今，陈月良的心声，成了全公司员工奋力工作的动力。在他的带领下，员工们正以昂扬的斗志，勇于创新、敢于拼搏的精神，将此前生产电力施工机具所取得的成绩作为企业新的起点，决心打造更多的优质品牌产品，更好地为电力建设事业服务，为海虞镇的快速发展做出应有的贡献。

20年奋斗铸就铁塔行业第一

——记常熟风范电力设备股份有限公司董事长范建刚

◎杨之洲

常熟风范电力设备股份有限公司的前身是成都铁塔厂常熟分厂。20多年来，在公司董事长范建刚的带领下，公司销售收入翻了五番，并成功上市，创造了输电线路铁塔行业多个“世界第一”和“国内第一”，从一个很小的集体企业，在国有企业占垄断优势的领域内，终于成长为输变电铁塔行业的龙头企业。

范建刚从部队退伍回乡后，以一个军人只争朝夕的精神，从1984年起，在不到10年的时间里，先后组建了冶塘汽车运输队，创办了汽车驾驶员培训班，培养了一大批驾驶人员。之后，他又创办了盛达化工厂，获得了良好的经济效益。

然而，这些成绩并没有让范建刚满足。他是个闲不住的人，是个对成绩永不自满的人，有着不怕劳苦、勇于创新的精神。1993年，市场改革的浪潮再一次激起了他的斗志，他把目光投向了当时具有良好的发展前景的铁塔市场。为了在铁塔市场闯出一片天地，范建刚多次调研，与成都铁塔厂搭上了关系，投资3000万元，于同年7月在冶塘官塘岸边动工建设成都铁塔厂常熟分厂。不到一年的时间，成都铁塔厂常熟分厂就实现了全面投产，并被常熟市政府列为市重点投入项目。

常熟分厂成立之初，范建刚带领全厂员工艰苦创业，抢机遇、抓时间、抗风险、提质量，凡事都亲力亲为，硬是把分厂建成了一个年产输变电铁塔2万吨、配套热铁锌3万吨的华东地区最大的铁塔生产基地。1996年，该厂产值达到7988万元，销售收入达到7247万元，利税总额达到1324万元，跻身常熟市工业百强企业第36位。

2000年初，范建刚敏锐地洞悉到了市场发展的需要，开始组建钢管铁塔生产线，并设立了第二个车间。当年，范建刚先后组织购置了数控火焰切割机、铣边机、数控相贯切割机等设备和仪器，并自行研制了组对平台等设备，为公司的未来发展做足了技术准备。

2002年起，风范电力迎来了迅猛发展时期。为了快速提供更优质的产品，范建刚进一步加大对设备的资金投入，公司先后专门添置了数控型钢联合生产线、数控型角钢钻孔生产线、数控冲钻复合机等新型设施设备，有效地改变了以往160毫米及以上角钢只能用手工钻的工序，不仅提高了生产效率和孔的光洁度，还避免了斜孔和喇叭孔，从而保证了加工产品的精度和速度，公司出产的优质产品受到了客户的一致好评。

要把产品做精做好，把企业做大做强，离不开创新与研发。范建刚深知研发的重要性，一直以来，他都把研发作为重点工作，持续加大对研发资金的投入，确保公司产品在市场上具有不俗的竞争力。为此，风范电力与中国电力科学研究院、广州合成材料研究院有限公司、上海自动化研究所、江南大学、江苏科技大学等国内科研机构和高校建立了长期合作的关系，还与美国ABB鲁玛斯集团、日本电气股份有限公司（NEC）等世界著名公司的输电部门及设计部门长期保持着良好关系，不断拓展国际市场，助力公司产品走出中国、走向世界。2009年，公司成立了科学技术协会、风范电力设备股份有限公司研发中心（江苏省工程研究技术中心、江苏省企业技术中心），进行国内首个复合材料绝缘横担的研究，填补了国内该技术的空白。目前，公司共拥有各类专业技术人员300余名，为新产品的研发提供了强大助力。

在潜心发展之余，范建刚保持着对公益的热心。他多次向常熟市慈善基金会捐款。“5·12”汶川地震时，他带领企业全体员工向灾区捐款20万元。2013年，他向尚湖中心小学赠送"大鼻子"校车2辆，价值100万元。2016年，他又向常熟市慈善基金会捐款200万元，为常熟的慈善事业做出力所能及的贡献。

2008年1月，我国南方发生严重雪灾冰害，贵州、湖南等山区的输电铁塔大量坍塌，急需一批新的输电铁塔。风范公司接到了生产任务。范建刚得知后，第一时间组织生产，带领公司员工奋战20多个日夜，最终按时完成了这项紧急的生产任务。任务完成后，范建刚自己带队运送这批货物至贵州等地，确保当地能够按期恢复供电。因此，他受到了江苏省委主要领导的表扬和奖励。

2016年6月23日，江苏阜宁发生龙卷风冰雹特大灾害。公司接到江苏省电力公司生产抢险铁塔的指令，范建刚立即组织员工加班加点，不分昼夜地紧急生产抢险铁塔，于25日下午及时送至灾区，比预计时间提前了近一天，有力地支援了灾区恢复供电和生产。

如今，范建刚一手创建的常熟风范电力设备股份有限公司拥有员工1600余名，各类专业技术人员300余名，其中高级技术人员50余名。2011年1月18日，公司在上海证券交易所挂牌上市。2017年，公司拥有总资产45亿元，开票销售收入达22亿元，入库税金达7379万元。公司拥有世界领先的各种自动化铁塔加工生产线和计量理化精密仪器，主要生产各种电压等级的输电线路镀锌铁塔，多种型号的微波通信铁塔、广播电视铁塔、变电站钢构架件等，是国内能自主研发生产最高电压等级1000伏输电线路的铁塔企业之一，也是拥有自主知识产权并生产复合材料绝缘杆塔的企业之一。公司产品已在国内20多个省、自治区、直辖市使用，并出口远销澳大利亚、阿尔及利亚、伊朗、伊拉克、韩国、缅甸、塔吉克斯坦、秘鲁、智利和几内亚等60多个国家。

在范建刚的带领下，公司完成了输电线路铁塔行业的许多重大工程，曾经创造了多个"世界第一"和"国内第一"，主要包括：世界上最高的500kV角钢输电线路铁塔——江阴大跨越塔；国内首条750kV输电线路示范工程，第一条交流1000kV输电线路示范工程和首条复合材料高压杆塔改造工程等。公司也被评为国家级重合同守信用企业、江苏省高新技术企业。

二十余年奋斗路，范建刚似一位铁塔般的巨人描绘着企业发展的蓝图，风范电力也像巍巍铁塔一样树立起了尚湖民营企业的丰碑。

当一个为民造福的好书记

——记中泾村党委书记范益民

◎曹京花

范益民，1996年大学毕业后进入企业工作，1998年10月起历任原金星村、原归城村党委书记，现为常福街道中泾村党委书记。他坚持以经济建设为中心，大力推进新农村建设，在富民强村的实践中不断探索、不断超越。在他的带领下，一个新农村的乡村梦正在实现。

发展经济　合作共赢

范益民初任中泾村党委书记之际，中泾村村级可用财力只有70多万元。他深知“千帆竞发看龙头”的道理，于是他带领村两委人员深入群众、集思广益，考察分析、借鉴经验，反复研讨、确定方向，并最终形成了发展集体经济的规划方案。近年来，中泾村在虞山工业园区、国泰路、山明路修建了集宿楼、社区综合用房，增加了集体资产，并且实施工矿企业复耕复垦，淘汰落后产能，腾出土地指标，获取土地收入，积极向上级争取项目，争取资金。这一系列举措，让中泾村的经济实力得到了进一步提升。

但他并没有小富即安，相反，寻找一条有中泾特色的发展道路一直萦绕在他的心头，一幅现代美丽乡村图将展现在他的面前。结合“万顷良田”建设，整合土地资源，常熟市神农果园、江苏阿里巴巴农业科技有限公司先后入驻，引进种植无花果、甜樱桃、红心火龙果、草莓、迷你南瓜，现发展成为常熟市特色现代精品农业园。目前果品基地的草莓、火龙果、甜樱桃等已在常熟市及周边地区享有盛誉。

为提高农业园区的发展水平，范益民开始思考经济的特色化、规模化、品牌化的项目与方案。2012年，村所有农户都参与的中泾社区股份合作社成立。合作社成立以来，中泾村先后投入了2100万元用于农业设施建设，并与上海交通大学、上海市农业科学院、常熟理工学院、南京大学、江苏阿里巴巴农业科技有限公司进行合作，建成、运营了现代农业产业园、精品果蔬种植基地、樱桃种质资源库、神农果业专业合作社、常熟中景益隆农产品销售有限公司等。

2014年，随着上海交通大学新农村发展研究院常熟分院的落户、生态文化村庄工程的实施、投入近8000万元的各类项目的运营、农村劳动力就业问题的解决，中泾村集体和农户的经济实力有了进一步增强。2017年，中泾村经济总收入超过了千万元，村级可用财力达到953万元，村年总收入1817万元，农民纯收入27712元。

心系民生　情暖百姓

“为官一任，造福一方”，“取之于民，用之于民”。作为中泾村党委书记，范益民心里始终装着村民的生产生活等方方面面，竭尽所能，想群众之所想，急群众之所急，帮群众之所需。

2006年末，他牵头规划了中泾村自己的村民居住小区——金星家园。为了实现规划，他早出晚归，忙里忙外，寻求规划部门的支持，引导村民意识的转变。为了提升小区的档次，提高百姓的生活质量，他将前往金星家园的必经之路——丰收路，铺设成了柏油路。2009年，绿树成荫、碧波荡漾、井然有序的金星家园顺利竣工，89户村民开始入住。

“经济发展了，村民们都忙于各自的工作，相互间沟通、交流的机会就少了，很多细微的矛盾常常得不到及时化解，而公共的文体活动不仅有益健康，还应该是村民加深感情、化解矛盾的润滑剂。”于是他萌生了建设文体活动阵地的想法。2010年3月，他引进了大批健身器材，又通过对白雀寺周围老平房的提高性改造，建成了500多平方米的文体活动场所，篮球场、乒乓球室、健身房、阅览室、公共电脑室、棋牌室等应有尽有，村里的群众性文体活动渐渐丰富起来。他还专门设置了村民接待站，村民们生活、工作上遇到什么烦心事，都可以到这里来倾诉，村民之间的感情越来越融洽了。

但是，村民们感到美中不足的是，金星家园边上有一条小河，成了扔垃圾的地方，与不断改善的生活环境很不协调，也成了村民之间的矛盾焦点。该如何解决呢？范益民陷入了思考之中：几年来，随着各类政策的不断落实到位，村民得到了许多经济上的实惠，但村民对生态环境的要求也越来越高了，而改造环境最直接、最有效的办法是加大绿化建设力度。想到就要做到，他开始大刀阔斧地对小河实施改造，填埋臭水潭，清理河道，种上大批树木，把原来脏乱差的垃圾场变成了金星家园的小花园。他又不请自做，把小区旁的多处废弃窑厂整治成一个个小池塘，在不收取租金的前提下，请几位村民在池塘里放养鱼苗，破坏水质的事再也没有发生过。2011年5月，虞山镇人大代表一行20余人视察后，不禁感慨：这是村庄中的都市。

“只对金星家园的环境进行综合治理，其他农户不能受益啊！不行，这不是我的初衷。”2011年，范益民开始实施丰收路绿化工程和界泾河、官路泾河生态修复工程及中泾公益林工程，绿化面积约106672平方米；2013年，实施金星东路柏油路铺设工程；2015年，又与上海交通大学合作，实施中泾村生态景观建设规划方案，中泾村的新农村建设步入高速发展时期。

老吾老以及人之老。虽然村里五六十岁的人员基本上都有一份稳定的收入，但他仍然在春节、重阳节等传统节日为村里老人准备30多万元的礼物和慰问金。由于中泾村老年人没有全部转为城镇医保，年终的时候，他还为全村1000多名没有参加城镇医保的人员全部缴纳了合作医疗基金费。

“养个好儿子，不如有个好书记。”这句话在中泾村的百姓间口口相传着。

扎根农村　坚守梦想

“你是西安理工大学毕业的，又这么有能力，为什么不出去赚更多的钱呢？”常有人这样问范益民。“因为我是农民的儿子，我对这片土地爱得深沉！”担任村党委书记（支部书记）以来，无论询问者是否懂得他话语中的内涵，他始终这样回答。

“我出生在这里，成长在这里，我就想当一个为民造福的好书记。我想通过自己一生的努力，让我的家乡美丽，让我的同乡富裕。”实在逼急了，他不得不说出自己小时形成、至今不变的人生理想。

刚接手原金星村时，面对村里唯一的收入来源——窑厂已经被抵押的困境，他没有犹豫过；刚到原归城村上任时，面对村民矛盾纠纷不断的现象，他没有逃避过；面对同学、大公司的高薪相邀，他没有动摇过；面对家人、朋友的阻拦反对，他没有妥协过。无论是残酷的现实，还是优厚的待遇，都不能改变他对这片沃土的不离不弃，都不能改变他对那份梦想的执着坚守。

以品牌成就民族梦想

——记波司登国际控股有限公司董事局主席兼总裁高德康

◎应晓月

历史学家麦克尼尔曾以“此起彼伏的大海”比喻人类的历史。在波司登品牌创始人高德康的眼中，他和波司登的成长历程，就是如此的跌宕起伏。波司登不仅是民营经济发展的一个成功案例，是改革开放的一个缩影，是“苏南模式”的具体呈现，更是纺织服装行业成长进步的生动缩影，映射着中国经济社会发展的每一次重要变革。

40年来，波司登与中国同呼吸、共命运，既见证了改革开放的巨大成就，也勇于直面经济、社会、科技进步以及行业变革带来的一系列挑战，体现着与时代精神、与改革创新同频共振的典型性和代表性。

改革开放的弄潮儿

波司登总部大楼四楼博览馆的一面墙壁上，密密麻麻排满了40年间波司登获得的上百项殊荣及表彰：中国驰名商标、中国世界名牌产品、中国工业大奖、中国纺织服装领军品牌、全国质量奖、全国就业先进企业……

谁能想到，40年间，高德康等11个农民成立的村办缝纫组，从8台家用缝纫机起家，缔造了规模、技术在全球都名列前茅的羽绒服装集团。“我的梦想是要改变当时艰难的生活条件，养活缝纫组的员工。这么多人跟着我干，我不能让大家没饭吃！”高德康怀揣青春的激情与梦想，领着大家艰苦创业，一步步走出农村、走进上海、走向全国。

高德康抢抓改革开放的时代机遇，铸就了波司登的辉煌。

20世纪90年代初，苏南大地上乡镇企业遍地开花、蓬勃兴起。邓小平南方谈话后，不甘“为他人做嫁衣”的高德康意气风发，1992年开始投入2500万元建设新生产基地，引进生产流水线，扩大生产规模，提高产能，并根据《商标国际注册马德里协定》的规定，在全球68个国家和地区开展“波司登”国际商标注册，迈出打造自主品牌的第一步。1994年，波司登借着江苏省首批企业股份制改革的东风，确立现代企业制度，释放发展活力，成为远近闻名的“明星企业”。

然而，刚刚踏上自主创牌之路的波司登遭遇了一场前所未有的危机。1994年，波司登生产的23万件羽绒服只卖出了8万件，最终通过北京王府井百货大楼的“反季销售”获得了宝贵的回笼资金，得以绝处逢生，摆脱困境。经过认真反思和市场调研后，高德康大刀阔斧对产品定位和企业管理进行改革，并引入时装要素，将当时羽绒服中的绒朵含量由30%一举提高到70%，后来又提高到90%，开启中国羽绒服的“时尚化”革命。

为进一步塑造波司登的品牌形象，1998年5月，波司登赞助中国登山队成功登顶珠穆朗玛峰。2006年都灵冬奥会上，中国健儿韩晓鹏身穿波司登特制的滑雪服成功夺冠，实现中国冬奥会雪上项目金牌零的突破。

探索品牌“出海”新路径

2007年10月11日，身穿红色马甲的高德康满面春风，走进香港联合交易所的交易大厅，敲响了波司登成功上市的钟声，让波司登站在了品牌国际化的新起点上。

毋庸置疑，从20世纪90年代后期到21世纪初，波司登的战略选择迎合了市场，顺应了人们对服饰的需求趋势。波司登设计团队对羽绒服的款式、色彩、面料、版型和做工进行全面创新。波司登的创新体现在每一道工艺、每一处细节上。无论是“世界三极”的严寒考验，还是引入华联股份成为国营控股公司；无论是一时引起热议的“鹅鸭之争”，还是连续20年代表中国防寒服面向世界推介秋冬流行趋势，都显示出波司登在澎湃激荡的羽绒服变革大潮中的“领军之姿”。

从首位以中国民营企业家身份登上哈佛大学讲台分享波司登名牌之道，到登上牛津大学讲坛展示东方智慧和商业哲学；从“抢跑”伦敦奥运会在英国设立伦敦旗舰店暨欧洲总部，到持续深化与日本伊藤忠集团的国际合作和资源共享，高德康带领波司登“走出去”的步伐一直没有停歇。

近年来，波司登把握“一带一路”倡议机遇，不断深化与国际品牌的跨国合作，潜心学习、借鉴合作伙伴先进的生产技术和管理经验，丰富企业产品组合，提升在全球产业价值链中的地位，为促进中国由“制造大国”向“品牌强国”转变提供了典型案例。

创新驱动品牌升级

随着中国经济进入增速换挡期，科技创新、移动互联、网络购物等新经济业态也对服装市场的竞争格局形成了现实挑战。高德康以坚守实体经济40年的专注和底气，聚焦质量、创新、品牌和工匠精神，培养“中国制造”的新魅力。

要应对生活方式的转变和市场变化，创新刻不容缓。2018年，波司登全面启动新战略，开拓渠道，升级门店终端，并对羽绒服产品的品质、设计进行全面升级，直指“千亿品牌”目标。波司登继续聚焦羽绒服业务，以品牌建设为核心，升级产品，开拓渠道，以实现战略目标。品牌方面，以化解全球竞争、激活民族品牌为战略要务，围绕“全球热销的羽绒服专家”战略定位，系统升级运营，使波司登成为全球消费者喜爱的羽绒服品牌。产品方面，在设计、技术、工艺、性能等方面持续优化与创新，传承及发扬工匠精神。渠道方面，从结构布局、终端形象、商品呈现等方面开展全面、系统升级，进驻主流渠道，优化消费体验，开拓主流客群。波司登亮相首届中国自主品牌博览会，成为服装行业唯一入选“CCTV国家品牌计划”的品牌，携手优质传媒资源引爆主流人群。波司登荣登纽约国际时装周舞台，参加加拿大国际服装展，彰显中国羽绒时尚之美。国际设计师联名款、高端户外系列等新品，受到大批明星青睐及消费者欢迎，荣获《户外》年度户外装备大奖、新浪时尚2018风格大赏时装口碑榜“年度最受欢迎羽绒服”。波司登更新品牌标识及终端店铺形象，进驻时尚百货、核心商圈和主流渠道，百店齐开引领效益提升及终端销售爆发，电商业务强势崛起，“双十一”成为天猫首个预售破亿元的服装品牌。

暖心有爱担当责任

“企业家要永远保持创业、创新的激情和动力，这是保证企业基业长青的根本。同时，企业家要勇于承担社会责任。”在高德康心里，企业核心竞争力在于文化、机制和人才，他强调的企业文化价值观就是以客户为中心、以奋斗者为本、对标创新和坚持艰苦奋斗。

波司登的主打产品，是一件件暖身的防寒服；波司登的文化核心，是一件件暖心的社会义举。波司登自觉担当行业商业价值与生态和谐的维护者，努力营建良好的品牌、产业发展环境。波司登在全国建成六大直属工业园区，推动区域经济产业集群和品牌集聚，促进产业链和谐平衡发展；以诚信自律和公平公正带动上下游产业健康发展，培育共创财富、持久双赢的战略合作伙伴，间接提供就业岗位超过30万个。

企业的终极目标一定是承担责任、回报社会。波司登秉持“让人们的生活更美好”的企业使命，积极构建公共责任、社会公益、道德行为三位一体的社会责任体系。数十年的坚持，9亿元的社会捐助，记录下波司登人的大爱无疆。

以使命为导向的企业才会“羽”众不同，并不断走向成功。

创世界名牌，让品牌熠熠生光，拥有持续发展的温度和热度，是每个中国服装纺织企业的美丽中国梦。

40年风雨同舟，波司登人在高德康的带领下，坚守初心，艰苦创业，秉持“波司登温暖全世界”的企业使命；40年风云激荡，波司登人在高德康的带领下，永不满足，挑战自我，尽心履行企业社会责任，用创新思维为中国服装纺织业创造出一个个经典的变革案例。

潮涌海阔，千帆竞发。高德康正带领波司登人不忘初心、牢记使命，以奋斗者的精神风貌，以奋斗者的昂扬姿态，踏上“艰苦奋斗再创业”的变革之路，迈上“百年品牌，千亿梦想”的新征程！

为振兴民族工业

——记常熟市千斤顶厂董事长顾雄斌

◎王祥元

2018年是改革开放40周年，也是常熟市千斤顶厂千斤顶试制成功50周年的时间交集点。顾雄斌亲身见证了常熟市千斤顶厂在改革开放伟大时代的辉煌发展。

常熟市千斤顶厂是由1954年成立的第一铁器合作小组发展而来。1968年12月，虞山机械厂由顾雄斌担任组长的千斤顶试制小组，成功试制出了第一台千斤顶。1970年，常熟县工业局选定虞山机械厂和通用机械厂试制出口千斤顶。1973年，常熟县千斤顶厂正式挂牌。

改革开放后，顾雄斌开始走上企业领导岗位，1984年担任厂长后，顺应改革开放的强劲东风，他主动请缨实行厂长负责制，成立了千斤顶厂管理委员会，制定了首次经营决策，采取了实行承包经营责任制、横向经济联合，发展外向型经济，企业兼并重组、优化扩张，推进产权制度和股权结构改革等一系列举措，把企业引入了改革添活力、发展增动力的良性循环以及持续发展的快车道。

厂长负责　和衷共济

1984年，顾雄斌主动申请将千斤顶厂定为全市首批厂长负责制试点单位之一。他把千斤顶厂看作一条船，全体员工都是船上的同渡人，不能仅仅停留在“同舟共济”，而应该是“和衷共济”。因为同舟的人，未必每个人都出力，出力的也未必朝着同一方向；而和衷共济就是大家一条心、劲往一处使，共同渡江河。为此，他设立由党、政、工干部全面参与的工厂管理委员会，重大问题提交工厂管理委员会讨论决定，制定了首次经营决策。他勉励干部员工“顺风时，扬帆远航，不失时机；逆风时，背纤前行，决不畏缩”，提高企业的凝聚力。

和衷共济策略，使企业建立了长期稳定、团结、卓有成效的领导集体和经营管理团队。

承包经营　增添活力

为打破员工吃“大锅饭”的思想，改变企业经营好坏一个样、员工干多干少一个样的状况，在前期探索试行的基础上，1987年，千斤顶厂进一步制定并实行了五种形式的经济责任制，做到五个“挂钩”：员工个人利益与企业经济效益紧密挂钩，使员工个人利益随企业经营成果的好坏而变化；员工个人利益与完成任务实绩和出缺勤紧密挂钩，既保证生产任务的完成，又提高出勤率；员工个人利益与产量、质量、成本、安全等紧密挂钩，促使员工保质保量、节支降本、安全生产；员工个人利益与责任轻重、技术难易程度、承担风险大小紧密挂钩，实行系数考核，增强科室人员为生产服务的观念；搞小承包，员工个人利益与完成厂部下达的紧急任务量紧密挂钩，既确保正常生产任务的完成，又促进突击任务的顺利进行。实行承包责任制，给干部、员工增添了动力，给企业增添了活力。

顾雄斌还提出了“少增人、多功能、高效率、满负荷”的治企方针，要求除技术、管理、外向经营人才和生产一线的关键工种少量增员外，主要以提高原有人员的素质和工作效率来实现增产增销；培养员工“一专多能”，满负荷工作，提高劳动效率和工作效率。20世纪90年代，厂里千斤顶产量实现了三次翻番。

横向联营　提高产能

1986年，《国务院关于进一步推动横向经济联合若干问题的规定》发布后，顾雄斌提出扩大市场、扩大新品、扩大总装、扩大联营“四个扩大”方针。其中扩大联营就是要依靠有实力的国企，学习先进技术和管理经验，技术质量上等级，生产工艺上规范，产品质量上水平。1986年12月，千斤顶厂与上海电器成套厂正式达成产销联营协议，联合生产抽屉式开关柜产品。十年联营后，开关柜成了年销售额达亿元的拳头产品，厂里还锻炼和培养了一批熟练掌握开关柜生产经营的技术、管理、销售人才。千斤顶厂还同投资公司联合，签订工贸合营协议，引进资金80万元，解决发展再生产的资金问题；和迅达（中国）电梯有限公司横向技术协作，加强技术进步，增强发展后劲，开拓国际市场，增强出口能力，搞活资金融通，增强企业实力，调整产品结构，提高生产水平；与江苏省机械设备进出口公司本着产销互利、平等协商、共同发展的原则，实行工贸联营，形成发展外贸出口的大好形势，巩固和发展了外销市场。

同时，千斤顶厂还要增设零部件加工点，合理布点、择优选用、重点扶植、共同发展，借助本市乡镇企业的设备、人员，发展联营协作配套厂。20世纪90年代以后，千斤顶厂的协作企业遍布全市城乡。

敏锐决策　制定战略

当国家给予出口企业优惠政策，鼓励机电产品出口时，顾雄斌以敏锐的眼光，决定以千斤顶为主产品，在扩大出口上下功夫，同时要开发和培育市场前景好的新产品，并制定了“以出口为导向，一主多副、以副养主、以内养外、发展外贸”的经营战略。

开关柜产品的开发，经历了曲折和艰难的过程。早在1983年，电工组就通过技术协作，摸索做一些简陋的低压开关柜。1985年下半年，引进专业技术人员唐春潮后，由唐春潮担任通用电器厂主持工作的副厂长，全身心投入开关柜产品的研制，为人员分流、企业创造效益、支持主产品发展起到了重要作用。

1984年下半年，获悉上海电梯厂产品升级换代，需要寻找外部合作单位后，顾雄斌派人通过北京起重机械研究所，找到上海电梯厂进行洽谈，签订了曳引机加工协议，派出了6人去上海电梯厂学习培训；1985年“五一”节前，首次完成了三台货梯曳引机的组装任务。目前千斤顶厂的电梯曳引机国际市场占有率达到25%，出口销售占45%。

1995年，在钢制办公家具、工具箱柜国际市场前景看好，企业钣金加工能力较强的情况下，顾雄斌决定成立试制组，开发生产钢制办公家具、工具箱柜。目前公司旗下的通润工具箱柜已在全球客户中享有盛誉，出口份额超过90%。

“三步曲”参与国际市场竞争

千斤顶厂作为出口生产基地企业，以自己的不懈努力和经营成果，在发展外向型经济的道路上完成“三步曲”。

第一步，走外贸收购和自营出口结合之路。1987年2月，千斤顶厂经国务院机电办批准成为全国第四批机电产品扩大外贸自主权企业之一。1990年2月10日，千斤顶厂又被批准为第八批外贸出口基地之一。以此为动力，企业进一步扩大销售队伍，加强经营力量，面向国际、国内两个市场，着重开拓国际市场。1992年12月，经对外经济贸易部批准，千斤顶厂获自营进出口权，为外贸出口以及多层次、多渠道占领国际市场创造了更为有利的条件。

第二步，走合资合作之路。1989年2月19日，千斤顶厂与香港华润机械有限公司正式签约，合资成立常熟通润机电有限公司，注册资本200万美元，港方占25%。通过合资，通润较早地引进了先进的企业管理模式，各项内部改革措施随之应运而生，公司的生产经营手段更加灵活，对市场变化的反应更加敏捷。合资使千斤顶厂在国际经贸中心有了一个实实在在的窗口，眼界大开，获得的信息大增，走向国际市场的道路更为便捷、通畅。

第三步，走国外办公司之路。1993年，通润公司在美国洛杉矶创立TORIN JACKS,INC.子公司，不仅让通润公司获得了新的经营理念和管理方式，还让通润产品以最快的速度获得了美国终端客户的信任。一次次的国际展会上，黄头发、绿眼睛的美国工作人员手持通润产品向自己的同胞介绍，此举有效提升了通润产品的美誉度。1995年11月，美国子公司的千斤顶系列产品首次以通润品牌在美国汽车工具博览会上登台亮相，直接参与国际竞争，使当年美国公司销售收入突破300万美元。

收购兼并　扩张经营壮实力

在横向联营、合资合作的同时，企业还实施收购、兼并、控股。1998年2月，通润跨省控股河北承德千斤顶总厂。2004年5月，由通润出资，在承德市开发区东部组建成立承德通润汽车零部件有限公司。2008年，承德通润汽车零部件有限公司生产的JD8t油压千斤顶被用于神舟载人飞船发射架。目前，承德通润已成为当地实力雄厚的重点企业之一。

2001年9月，通润又跨省收购了国内汽车配套千斤顶行业的龙头企业——上海宝山千斤顶总厂，组建成立上海宝山千斤顶总厂有限公司。这次战略性合作，为通润后期加快进入汽车配套市场奠定了坚实基础。目前，公司的汽车配套千斤顶生产基地已在南通海安建成，年产汽车配套千斤顶2500万台。

深化改革　换挡提速

1993年，党的十四届三中全会通过的《中共中央关于建立社会主义市场经济体制若干问题的决定》，提出了建立“产权清晰、权责明确、政企分开、管理科学”的现代企业制度的要求。千斤顶厂按照市政府相关意见改制为股份合作制企业，其中员工股占23.35%。后经1997年、1999年、2000年三次深化改革，千斤顶厂实现了彻底的体制改革，成为名副其实的“民营企业”，员工积极性得到极大的发挥，2000年与1992年相比，营业收入增长了6.06倍。

顾雄斌有一句话：“改革开放，党和政府让公有的常熟市千斤顶厂改制成了民营企业，千斤顶厂得以保持了连续、稳定、快速的发展，成了苏州市地标企业，为地方经济和社会事业发展做出了应有的贡献。我们如何才能保持经久不衰呢？唯有深化改革。”他是这么说的，也是这么做的。2003年，他推行了集团化管理，除了总经理由集团聘任之外，下属企业成了完全自主经营的独立法人，他不再担任下属企业法定代表人。2007年，江苏通润在深圳证券交易所上市，苏州通润驱动设备股份有限公司、常熟通润汽车零部件股份有限公司先后成立，经营者和经营团队开始持股。至2016年，千斤顶厂对苏州通润驱动设备股份有限公司、常熟通润汽车零部件股份有限公司的投资比例分别减少到31.44%和38%，经营者和经营团队增资后成为各自企业的控股者。2018年10月23日，千斤顶厂和常熟通润汽车零部件股份有限公司签署协议，将38%的股权全部转让给后者，为它准备申请上市创造条件。

他有这样一种情结，这样一个梦想，就是要为中国的民族工业振兴发展做贡献。他说："改革开放给了我实现梦想的机遇，我感到欣慰的是在千斤顶厂的成长发展过程中，培育了一批能在所在行业中征战国际市场的领军人物和经营团队，希望我们能一起为实现中国梦而做出更大的贡献。"

从零售到品牌开辟行业新路径

——记江苏阿仕顿服饰有限公司董事长龚政

◎戴晏

2005年，阿仕顿品牌正式创立，至今已有十四载。品牌创始人龚政陪伴阿仕顿一路成长，历经风风雨雨，从普通的服装零售商转型为著名服装品牌领军企业家，闯出了属于自己的一片新天地。

深受父辈从事服装生意的影响，龚政同样选择了投身服装行业。1995年，在阿仕顿品牌创立之前，龚政在常熟做的还是服装批发生意。在批发市场摸爬滚打的数年充满坎坷，让他积累下了丰富的经验。随着对行业的深入了解，龚政慢慢发现，服装行业批发和零售端的话语权其实掌握在厂商的手里，生产商生产什么经销商就得卖什么，这直接导致经销商的发展备受局限，更谈不上拥有核心竞争力。发现这个问题，让龚政意识到了做改变的紧迫性。只有把主动权掌握在自己的手里，才能在未来站稳脚跟，不被时代的洪流所淘汰。由此，做品牌的想法便在他心中生根发芽。

2003年，龚政开始逐步把自己的想法付诸实践，尝试做起了服装零售生意。他的首家男装零售店选址是常熟方塔东街。当年的方塔东街商业繁华，人流量很大，他的门店一开张就吸引了不少顾客，生意也一天比一天更好。“毕竟打了那么多年基础，从服装的生产、销售到批发分销等各个环节我都已经非常了解，开店之前我也做了充分准备，到周边地区去学习、取经，目的就是让自己在市场上能够更占优势。”经过2年的时间，龚政基本摸清了服装零售的生意门道，目光长远的他立即选择转型，决定创建一个属于自己的新品牌。

2005年，是龚政服装生涯的转折点，也是阿仕顿男装诞生之年。成功创立阿仕顿品牌后，他的实体零售店数量也拓展到了六七家。零售店的数量虽然增加了，但对做品牌而言，这个规模仍然不够，新生的阿仕顿也尚不具备能够打开市场的高知名度，摆在龚政面前的是一个此前从未涉足过的新领域，等待他的是一片未知。前路未明，但投入品牌的心血不能白费，立志做品牌的决心不能倒，他只能咬咬牙，摸着石头过河，去给阿仕顿探索一条新路。从2005年到2008年，阿仕顿经历了长达三年的成长磨合期。龚政不急不躁，着眼于夯实基础，不急于扩大规模，而是紧盯着市场需求，坚定自己的经营理念。“市场以消费者为核心，关注市场需求就是要关注消费者的需求。对当时的阿仕顿而言，虽然我们没有广阔的宣传渠道，但我们的每家门店都是一个广告位，只要能把服务做好，把口碑做好，就一定可以把品牌给打响。”秉承着这样的信念，他没有选择看似是条捷径的代理模式，而是坚持选择品牌直营模式，在稳扎稳打之下注重经营效益的提升，带领着阿仕顿共同成长。

三年磨一剑，挺过了略显艰难的磨合期，阿仕顿的发展日渐顺利，龚政便给自己定下了新目标：2008年发展30家门店，2009年发展80家门店，2010年发展200家门店。“这些目标是阶段性的，30家、80家、200家就代表着初期、中期、后期三个阶段。为了实现这些目标，阿仕顿开拓了一种全新的模式。”龚政口中的“阿仕顿模式”的灵感源于SPA模式，即自有品牌专业零售商经营模式（Speciality retailer of Private label Apparel）。这种模式是1986年美国服装巨头GAP公司在年度报告中，为定义公司的新业务体制而提出，是一种把商品策划、制造、零售都整合起来的垂直整合型销售方式，采用的就是直营管理经营方式。这种模式的优势主要来自供应链管理的高效率，SPA企业往往一手掌控企业从生产到零售的全部环节，以提高流转速度，压缩经营成本，而其“一切围绕顾客的需求出发”的核心理念，也与龚政的想法不谋而合。

在“阿仕顿模式”中，“全托管直营加盟模式”是非常重要的一个板块，也是核心之一。所谓“全托管”，就是加盟商只需要承担装修、房租以及进货的费用，其他从店铺选址、装修陈列、招聘培训、零售运营、营销企划、品牌推广、店铺督导、客户管理到财务控制等方面的事宜，均由阿仕顿公司全方位管理与指导。如此一来，阿仕顿的每一家加盟店都能通过总部全程统一管理实现标准化运作，从而确保加盟商风险最低化、利益最大化。“全托管直营加盟模式”的优势体现在两个方面：一方面是以集团订单生产获得成本优势；另一方面是通过信息化管理，把产品从集团总部直接配送到终端销售点，确保产品的价格优势。因为省去了中间环节，再加上规模化经营、信息化管理和强大的物流配送体系，阿仕顿具有极高的性价比优势，加盟商可以轻松得到高回报，还可以兼职经营，免去了很多后顾之忧。自从“全托管直营加盟模式”实施之后，通过从品牌运作、商品企划到生产、零售均由公司统一控制的一体化运作模式，阿仕顿不仅成功摆脱了传统服装业的各种制约，迅速实现了连锁规模和品牌效益的全面领跑，并且持续为客户创造价值。以“快”取胜的“全托管直营加盟模式”让阿仕顿实现了投资权和经营权的完美分离，开辟了服装行业的新路径。

30家、80家、200家，龚政的目标一步步得以实现。但服装市场的发展日新月异，从2011年开始，整个零售环境发生了大变化，无论是电商带来的冲击，还是消费者观念发生的改变，对阿仕顿而言都是全新的挑战。“为了应对市场的变化，我开始做品牌的工厂店和旗舰店。工厂店主要用于销售库存，旗舰店里都是新品，从原来的小店模式转变为大店模式。”经此一役，龚政对阿仕顿的未来也有了更多的思考，变化莫测的大环境让他时刻抱着学习的心态，不敢有一丝懈怠。在他的带领下，阿仕顿先后获得中国首家快时尚品牌重点建设示范基地、国家重点跟踪培育的服装家纺自主品牌企业、品牌中国金谱奖——中国十大男装品牌等多项荣誉，成为中国服装市场上响当当的品牌。

阿仕顿十四年的崛起之路，也是龚政的成长之路。如今，他给公司定下了“专注 奋斗 利他”的核心理念和“以消费者为中心，以奋斗者为本，持续创新”的经营理念，对品牌今后的发展做出了战略性规划。“服装企业的核心竞争力在于设计，要在竞争激烈的市场中长久立足，就要不断地提高品牌的设计能力。阿仕顿今后还要往集成店的模式发展，除了男装以外，我们还会做女装、童装，还要做各种品类的延伸。要做好其中任何一块，都离不开优秀的设计，离不开消费者的需求。”展望未来，龚政信心满满。提高单店的竞争力，稳定拓展门店数量，重新梳理消费者定位、品牌定位、市场定位，加强原有区域的聚集发展……等待着他大展身手的领域比比皆是。“只有更好地满足消费者的创新，才是最好的创新。”龚政用这句话诠释着他对阿仕顿的执着与坚守。

敢做行业中第一个吃螃蟹的人

——记常熟市飞龙无纺机械有限公司董事长韩雪龙

◎王利民

常熟市支塘镇是全国非织造布及设备产品名镇，这里诞生了中国国产的第一台针刺机、第一套喷胶棉生产设备、第一台水刺机等非织造设备。改革开放40年来，支塘镇非织造布及设备的生产企业从无到有、从小到大，发展至今已拥有非织造设备生产企业30余家、非织造布生产企业近300家，产品门类齐全，畅销国内国际市场，成为当地的特色产业和支柱产业。常熟市飞龙无纺机械有限公司董事长、高级工程师韩雪龙就是这个过程的亲历者和杰出贡献人物。

韩雪龙1975年高中毕业后，被安排到当时的公社农机厂工作。他勤奋好学，刻苦钻研技术，从工人逐步成长为技术员、技术科长、分管技术工作的副厂长，其间参与了国内第一台针刺机的研发和试制工作，见证了国产非织造设备零的突破。

1987年11月，韩雪龙毅然辞去了副厂长的职务，带领几名志同道合的伙伴，回到渔业村创办了一家村办企业——常熟市任阳制毯机械厂。他抓住造纸毛毯国产化发展的契机，大胆开发造纸毛毯圈状针刺机，打开了市场销路，也为企业发展打下了坚实的基础。

1989年，喷胶棉这一新型保暖材料逐步进入国内市场并得到了推广应用。日本的厂商纷纷以和我国企业合资办厂的形式，向我国大量推销喷胶棉生产设备。韩雪龙敏锐地抓住了这个机遇，开始研制喷胶棉生产设备。他带领技术人员学习先进技术，攻坚克难，反复试验，研制成功了适合中国国情的喷胶棉生产设备，以优异的质量和相对低廉的价格打开了市场，生产的产品销往全国各地并出口国外，从外商手中夺回了绝大部分的市场份额。在此基础上，他带领人员进一步开发了仿丝绵的生产设备，促进了新型保暖材料的推广应用，培育了一大批非织造材料生产企业，推动了中国非织造材料工业的快速发展。

1990年9月，在任阳制毯机械厂的基础上，韩雪龙创办了常熟市无纺设备厂。1993年，位于任阳晋阳西街125号的新厂区一期工程建成投用，成为企业发展的一个里程碑。在他的坚持和引领下，企业秉承“品牌为旗、诚信为本、创新为剑”的经营理念，精心打造“飞龙”品牌，诚实守信、客户至上，矢志创新、技术领先，促使企业良性、健康、可持续发展，成为当地非织造（无纺）机械行业的龙头企业。

20世纪90年代初期，我国多地连续遭受了特大洪水灾害。在党中央、国务院的领导下，各地积极开展抗洪救灾工作，兴修水利工程。其间，土工布这一新型工程材料得到了推广应用，国内非织造土工布生产厂家也应运而生。韩雪龙根据市场需求，积极研发宽幅的针刺土工布生产线。1997年，他带领人员研制成功当时国内最宽的6.6米针刺土工布生产线；1998年，该产线通过省级科技成果鉴定；2000年9月，企业产品获江苏省高新技术产品认定证书。

1997年6月，韩雪龙顺应集体企业产权制度改革的潮流，带领企业经营团队出资600余万元购买了常熟市无纺设备厂的净资产，完成了企业产权制度改革。改制后的常熟市飞龙无纺设备有限公司，以韩雪龙等自然人为投资人，产权关系明晰，进一步激发了经营者的创造性和积极性。飞龙公司从此走上了高速发展的快车道。

20世纪90年代中后期，一种新型的非织造布工业化生产技术——水刺法非织造布生产技术开始进入我国，国内个别企业花重金从国外引进设备和技术，生产这种新型非织造布产品。水刺法非织造布工艺是当时国际上较新的一种非织造布加工技术。水刺法又称射流喷网法、水力缠结法、纺络法、喷水成布法等。水刺法固结纤维网的方法是把高压高速水柱喷射到运动着的纤网上，水柱穿透纤网喷射到托网帘上，经托网帘的反弹又穿插作用在纤网上，在纤维互相缠结后，使纤网得以固结，形成片状结构，成为具有一定强度的非织造布。水刺法非织造布具有强度高、吸湿性高、透气性好、不易起毛、手感柔软、悬垂性好及无化学黏合剂的特点。它在某些领域已逐步替代传统纺织品，甚至收到了传统纺织品所达不到的效果。它的应用领域已逐步扩展到工业领域及民用领域，并逐步向高新技术领域进军。

韩雪龙敏锐地捕捉到这个信息，通过走访专家学者、了解国际水刺非织造布行业的发展趋势，决定组织力量研发这一新产品。当时国内只有少量的进口水刺机，国内著名的研究所和生产纺织机械的国营大厂均没有立项研发这一新型设备。韩雪龙不顾多数人的反对，决心做第一个吃螃蟹的人，不惜投入大量人力、物力和资金，开展了水刺机的研究开发和试制。在他和同伴们的不懈努力下，2000年，第一条水刺（平网）非织造布生产线终于在飞龙公司试制成功，填补了国内空白；2001年3月，水刺非织造布生产线通过了中国纺织工业协会组织的科技成果鉴定；2001年12月，FLLBG-200型水刺非织造布联合机荣获国家重点新产品证书；2002年，第一条国产圆鼓式水刺非织造布生产线研制成功；2003年11月，企业获得江苏省高新技术产品证书。

水刺非织造布联合机的研发成功，不仅填补了国内空白，也大幅提升了飞龙公司的研发创新能力，拉开了飞龙公司与同行企业的技术差异，使飞龙公司在国内非织造布机械市场上赢得了差别化竞争的优势。飞龙公司成为国内当时唯一能够规模化生产水刺非织造布联合机的民营企业，占据了国产水刺非织造布生产设备市场的半壁江山，累计销售水刺非织造布联合机80余台（套），为推进我国水刺非织造布行业的发展做出了很大的贡献。

韩雪龙是专业技术人员出身的企业家代表，他一直致力于非织造布机械装备和非织造产品的创新开发，积极吸收、消化国外先进技术，先后开发了宽幅针刺机、喷胶棉/仿丝绵/硬质棉生产设备、水刺机、特宽幅造纸毛毯针刺机、混合纤维汽车隔音毡生产联合机、热风法薄型非织造布生产联合机等机电一体化的非织造布设备，填补了多项国内空白。他主持研发的FLLBG-200

型水刺非织造布联合机获得国家重点新产品证书，FLZMT特宽幅造纸毛毯针刺联合机、FLLBG型木浆/纤维水刺复合联合机、FLLBG混合纤维汽车隔音毡生产联合机项目先后被列入2008年、2013年、2015年国家火炬计划。在他的领导下，公司还获得了2015年度中国纺织工业联合会产品开发贡献奖和2017年度中国技术市场协会金桥奖。

韩雪龙作为主要发明人，在非织造机械和非织造布技术方面先后申请并获授权的发明专利有32项，实用新型专利有28项。他本人还连续当选为全国纺织机械与附件标准化技术委员会非织造布机械分技术委员会的副主任委员，参加了4项国家标准、11项行业标准的起草修订工作，为中国非织造行业的发展做出了贡献，被评选为中国产业用纺织品行业领军人物等。他还多次获得常熟市优秀专业技术人员，常熟市、苏州市科学技术进步奖，江苏纺织技术创新奖等荣誉。

他创办的常熟市飞龙无纺机械有限公司也逐步发展壮大，产品远销国内外。他还投资设立了苏州美森无纺科技有限公司、苏州舜杰水刺复合新材料有限公司、苏州圣菲尔新材料科技有限公司等企业，2018年度合计实现销售收入27658.38万元，缴纳税收1066.5万元，成为当地非织造行业的龙头企业和纳税大户。厂子建立几十年来，先后培养和输送了大量非织造专业的技术、管理人才，不少人都成了当地规模企业的骨干。韩雪龙是当地非织造行业公认的领军人物，为创建全国非织造布和设备产品名镇，促进地方社会、经济发展起到了推动示范作用。韩雪龙还在不同场合多次呼吁当地非织造企业团结起来，组建联盟，良性竞争，协同发展，做大做强特色产业，把支塘镇打造成世界闻名的非织造产业基地。

韩雪龙在发展企业的同时不忘回报社会，积极参加慈善捐款和助学等公益活动，履行社会责任。汶川地震发生后，他带头并发动公司员工进行捐款，支持灾区人民抗震救灾。公司建起了篮球场、乒乓室、台球室等活动场所，丰富员工的业余活动。他关心员工生活，经常慰问工伤、重病的员工。2014年，公司一名青年员工不幸患了重病，他就带头拿出3万元，还鼓励公司员工捐款，资助这名员工去上海治疗。

以“三心”赢“5A”

——记安达洲物流集团董事长何航滨

◎陈竞之

1992年，在客车上颠簸10多个小时后，一名20岁的青年终于抵达梦想之地——常熟招商场（现为常熟招商城、常熟服装城）。时间已过午夜，他听到马路旁有阿姨介绍：住招待所5元钱，在马路边的草席上躺到天亮只要2元钱。于是他揣着2000元家当，睡在了凹凸不平的马路旁。几小时后，他从草席上睁眼，在清晨的微光中打量这个陌生的城市和渐渐热闹起来的商场，暗暗决心要闯出一番事业。

这名青年就是何航滨。

27年前，他只是千千万万来常熟招商场“掘金”的青年中的一个。而今，他凭借多年来付出的真心、虚心、爱心，逐渐梦想成真，缔造了一个前景广阔、蓬勃发展的物流集团——他一手创办的安达洲物流集团已成为常熟地区首屈一指的民营第三方物流企业。

真心闯出一片天

到达招商场的第二天，何航滨找到父亲的朋友，在他们的帮助下，他挂靠常熟航运储运公司，开始艰苦创业，从事代办行李、包裹托运的生意。

起步阶段，托运处只有三个人，何航滨既是老板，又是装车工、押车员、统计员、营销员，辛苦程度可想而知。接到一单生意，他就在木板上写下“上海有货”四个大字放到马路边，等候去上海的回程车，接着一路跟随货物押车到上海火车站，办理好托运，再把提货单用挂号信寄到货主的手中。为了节省搬运费，他经常自己背起沉重的行李，艰难地从竹梯上爬上去，将行李装上货车，小心地盖好苫布。他生性内向，跟人说话会满脸通红、满头大汗，客商觉得他为人老实、勤快、可信。

何航滨志存高远，不执着于眼前的小利。即便是在最困难的创业阶段，他也不一味地追求利益最大化，而是着眼做大做强，在管理中把不断提升运送各环节的安全、速度、服务等各项指标作为目标，尽量做到最好、最快，并在各个环节配备训练有素的人员，由此换来客户对他的认可。

面对创业的种种困难，他咬紧牙关，怀着坚定的信念去创新、突破，用“挖掘一切可能性”的心态去创造可能性，努力变不可能为可能。有时候运输车在路上坏了，货物无法及时送达，影响客户生产，他总是急客户所急，想客户所想，绞尽脑汁解决问题。为了确保客户的正常生产，他甚至自己贴钱将陆运改为空运，为客户争取时间，争取利益最大化，得到了客户的理解、支持和赞誉。有时天灾人祸，导致司机、车、货全损，他坚持用负责任的心态，按货物开票价赔偿。虽然失去了短期利益，但收获了客户长期的信任。

何航滨奉行“欲得之，先予之”的付出心态，当客户遇到困难的时候，他又出钱又出力去帮客户解决困难，与客户建立了深厚的感情；面对纠纷，他永远以理解的心态站在客户的角度去看待问题，尽可能地多承担损失、承担责任，赢得了客户的信赖；一有了微薄的利润，他又用感恩的心态去感谢客户、让利于客户，获得了客户的肯定；而面对同行，他则用共赢的心态去错位经营，争取最大限度实现双赢。

久而久之，他以人心赢得人心，在商户林立的招商场渐渐闯出了一方天地，占有了一席之地。他的托运处从一个客户一个包，发展到几十个客户，再发展到成百上千个客户；他的公司由一个发展到十几个，一个前景广阔、蓬勃发展的物流集团逐渐成型。如今，公司拥有土地面积400余亩，自有仓库20多万平方米，自备车辆及租用车辆500多辆，员工200多人，形成了从发展专线物流、引进仓储供应链管理技术的综合型物流企业到以仓储物流为核心、专线配送物流为辅助的仓储型物流企业，服务于华东、华南地区的各类产业，经营网点遍布全国。公司是目前常熟市唯一的5A级物流企业，也是省内规模较大、实力较强、设施较先进的仓储型物流企业之一。

商海无涯虚心渡

从一无所有到取得成绩，巨大的进步往往会引来许多赞美。面对成绩，初获成功的何航滨选择冷静，选择不断地学习。他告诉自己，无论每天如何努力，第二天都要从零开始。这种心态也为他不断学习增添了动力。

2005至2006年，他完成了汇才人文机构举办的心理学、素质管理、人本教练技术系列三个阶段的强化培训。2007年至2009年，他完成了清华大学举办的“高级经济管理总裁研修班”200学时课程的学习。2011年至2014年，他又获得了复旦大学高级管理人员工商管理硕士（EMBA）学位。通过学习，他养成了坚定、冷静、淡定、不断进取的心态，也用新的知识武装头脑，增强才干，提高素质。

在企业发展的过程中，何航滨尤其重视企业的精气神，重视员工的继续教育和成长。他经常与员工进行交流，分享创业心得，培养员工注意细节、客户至上的办事风格，也经常邀请相关的专家来公司进行培训指导。通过学习，公司的士气得到了鼓舞，团队间的沟通与交流有所加强，全体员工更能心往一处使，发挥众志成城的合力。

他学以致用，不断吸收新能量，并且对已有的知识进行梳理。他有了“有志者事竟成”的思想境界，用“狭路相逢勇者胜，英雄要战死在沙场”的豪迈情怀去做事，以“真、善、美”的心去找人、留人、用人、育人，成功也就水到渠成了。

正因为不断地学习，他能够总是先人一步，在人生道路上创造了一个又一个的奇迹。2000年，集团积极响应市委、市政府建设“大港口”的政策号召，率先在沿江开发区先后征地250亩，建造了10万平方米的保税库和大型普货类公共仓库、5万多平方米的堆场集散基地。数十家物流运输企业入驻物流园，为沿江开发区提供物流服务，为开发区企业、商家、人民群众生活的货畅其流做出了贡献。2002年，他又积极响应市委、市政府建设东南开发区的政策号召，率先在昆承工业园先后征地100多亩，建成了4万多平方米的贸易物流园区；又先后在常昆工业园、东南开发区先后建成8万多平方米的标准化全构结构立体仓库及物流园区，入驻的物流运输企业干线网点覆盖全国各地，为高新园区和南部新城的企业、商家及人民群众提供物流服务。

抢占发展先机，集团于2006年通过了江苏省第一批重点物流企业认定，2008年通过了国家4A级物流企业认定，2017年成为常熟地区唯一的国家5A级物流企业。

2017年，常熟吹响了智慧城市建设号角，智慧物流、智慧仓储、新零售、大数据、物流转型升级等新名词越来越高频地出现，物流改革迫在眉睫。何航滨顺势而为，成立了江苏云企供应链管理公司，搭建云企供应链平台，为生产企业、贸易企业、从事物流各环节的物流人、采购商及消费者提供服务，逐步实现全流程物流信息可视、各物流环节无现金移动支付、全流程大数据集成提取，又一次走在了时代的前列，成为行业的先锋。

在发展物流业的同时，何航滨还紧跟时代潮流，抓住机遇，在房地产业、商贸市场及其他服务业取得了较好的成绩。集团下属的镇江甘露商城是镇江百姓家喻户晓的知名商城，镇江永安菜场、常熟市沙家浜集贸市场项目成为当地百姓“菜篮子”工程升级改造的重要一环，常熟市太平洋商厦、常熟招商城外贸市场及商住项目等为常熟商贸市场的繁荣发展做出了一定贡献。常熟宝利广场一期瞄准市场，适时地推出了高性价比的中小户型盘，现已基本售罄；宝利广场二期即将推出的外贸市场楼盘，弥补了常熟服装城外贸市场紧缺的不足，为招商城商业模式转型升级提供辅助。

博施济众献爱心

何航滨不仅是企业的领头羊，也是常熟市第十三届、十四届政协委员，江苏省物流协会副会长，常熟市现代物流协会会长，常熟市浙江商会执行会长，广州市海珠区毛绒行业协会名誉会长。他的心中不仅装着企业的发展，也关注着社会的发展。

在何航滨的带领下，安达洲物流集团也一早烙上了爱心和责任的印记。早在2005年，公司就开始向慈善机构捐款。随着公司的发展壮大，这份爱心力量也在不断增长。2009年，公司向常熟市虞山镇颐养院捐赠人民币8万元整。2010年起，何航滨参与了“携手爱心书包漂流”助学活动，每年捐赠价值数万元的爱心书包。2013年至2018年，公司向常熟市慈善总会捐款人民币总计150万元整。公司还先后向常熟文化系统、作家协会、画家等提供资助，助力常熟文化事业发展。

2011年，何航滨在复旦大学管理学院学习期间，和班级同学一起成立了“复旦润苗基金”，帮助、救济贫困地区孤儿，该基金迄今已帮助了几百名孤儿上学。2014年至2015年，何航滨个人向浙江省义乌市爱心公社捐款人民币20万元整，助残扶弱，助学帮困，诠释大爱。近年来，何航滨还先后赴四川省绵竹市土门镇、西藏自治区拉萨市林周县、贵州省铜仁市思南县等地参与扶贫活动。他的家人在他的影响下，也积极投身公益事业。他的妻子参与了“虞城妈妈爱心行动”活动；他的儿女赴河南、新疆等地支教，为当地学生奉献爱心。

展望未来，何航滨更觉任重而道远。他希望通过自己的努力，可以早日建成区域超强的物流中心，构筑以时效运输为特征的物流体系，早日与先进的国际物流业接轨，为地方经济发展贡献企业更大的力量。

从濒临倒闭到成为行业“单打冠军”

——记常熟市龙腾特种钢有限公司董事长季丙元

◎李根龙　王渐凯

40年前的1978年，中华大地春潮涌动。那年，党中央吹响了中国改革开放的号角，揭开了中国历史波澜壮阔的新篇章。也就是那年下半年的一天，一个满脸稚气，还不到17岁的高中生，来到了常熟市梅李镇的一家农具厂。他好奇地看着那些钢制铁铸的设备，从此成为这家工厂最年轻的学徒。

斗转星移，光阴荏苒，岁月长河涌动着改革开放的大潮，时光悄然流逝了。

40年之后，当年那位随着国家改革开放事业一起成长的小伙子，已经成为全市综合实力名列第二、缴纳税金名列第一的公司的领导人。他，就是季丙元——常熟市龙腾特种钢有限公司董事长、党委书记。

他用人生中与一个崭新时代同步的40个年头，向伟大的改革开放40周年敬献了一份厚礼：2018年，他带领的钢铁企业在国内外市场销售各种特钢438万吨，这相当于中华人民共和国成立初期我国钢铁总产量的25倍；实现产值190亿元，出口创汇40亿元；上缴税金突破10亿元大关，达到10.5亿元。龙腾一跃成为常熟有史以来第一家纳税过10亿元的本土企业，这一令人瞩目的成绩，在常熟工业发展史上具有里程碑意义，标志着常熟工业企业的实力从此跃上了一个新高度。

恰逢2018年底、2019年初的辞旧迎新之际，偶一回眸，人们看到了这位企业家成功背后的壮怀激烈，看到了光环之下他筚路蓝缕、艰辛创业的往日故事，也看到了这个时代创业者的智慧及他们对党、对国家、对故乡的赤诚之心。

一

季丙元勤奋好学且充满灵气，进农具厂不到3年，就成为厂里的尖子员工。1981年，作为技术骨干，他被调到常熟市电动平车厂，出色的技术才能让他很快就崭露头角，普通员工、生产组长、车间主任、副厂长，他一步一个脚印地走上了企业领导岗位。作为分管生产技术的副厂长，在他带领下，电动平车厂发展得风生水起，产品质量享誉四方，上门提货的客户络绎不绝。

“胆子再大一点，步子再快一点。”1992年，改革开放总设计师邓小平同志的南方谈话，引燃了一个激情奋斗的时代。苏南大地上的乡镇企业如雨后春笋般拔地而起，其中一家就是梅李镇的常熟市龙腾特种钢厂。可惜由于经营不善，龙腾特种钢厂撑到1993年即濒临倒闭。镇党委、政府经反复权衡，决定让季丙元出任龙腾特种钢厂厂长一职。1993年4月，受命于危难之际的季丙元走马上任。

都知道收拾残局从来都比白手起家更艰难，可让季丙元没有料到的是，当时的龙腾几乎就是一家“三无”企业：无钱、无人、无技术。厂子经营困难，连工人工资都发不出。

四顾茫茫，路在何方？季丙元在思考、在斟酌、在抉择。一番周详缜密的市场调研之后，他提出了自己的决策思路：在夹缝中求生存，生产有市场需求但大钢厂却不屑生产，而小作坊式的钢厂又无力生产的产品。根据这一思路，他果断下马滞销的螺纹钢，转而生产汽车用弹簧扁钢。

局面由此打开，销量逐渐增加。他到任不久，工人也拿到了应得的工资收入，大家看到了希望，也有了干劲。可快速启动的生产暴露了人手不足的缺陷，他决定招工。

但凡招工，都有诸如年龄、身高、体质、学历等方面的基本要求，可由于当时龙腾每况愈下的负面影响已扩散出去，没人愿去这个“凶多吉少”“今天不知明天”的小厂。季丙元无奈之下，只能降格以求，无论男女老少，来者不拒，就这样也才凑起了四五十号人，其中大多是老实巴交、上了年纪、没多少文化的当地老农和打工者。

但是，正如拿破仑所说：一头狮子带领的一群羊，可以打败一头羊带领的一群狮子。龙腾的幸运在于，镇党委、政府为龙腾挑选的领头人不是“绵羊”，而是“雄狮”。为了培养员工队伍，季丙元奖勤罚懒，用激励措施调动大家的积极性，用美好的前程鼓舞人、凝聚人。在他的领导下，全厂员工“拧成一股绳”，同心同德求发展。

他还设置了技术创新奖，用工匠精神培育员工，鼓励员工苦干加巧干，努力钻研技术；对在小改小革、技术创新中做出贡献的员工给予优厚的奖金，并在各分公司全部实现6S管理，车间井井有条。

随着企业的发展，如今的龙腾员工已达到5000多人，员工队伍的文化结构、专业素质显著提高。全厂班、组长以上管理人员，绝大多数具有大专以上学历，他们能干、会干、肯干，到2018年，全厂获得上百项技术专利、发明专利。

龙腾员工来自五湖四海，季丙元对他们的关爱无微不至：家庭困难的员工每年有补助，每个分公司、分厂都有食堂。此外，为解决外地员工住宿问题，他在充分利用企业房产资源的同时，2018年投资3亿元在梅李开工建设文体活动设施齐全、停车位充足的员工新村。新村占地面积30多亩，建筑面积达到56000平方米，可容纳2600名员工入住。到2020年，龙腾的外地户籍工人都将有房可住。员工在外租房居住，公司每月提供住房补贴。员工吃住无忧，从心底里把常熟当作第二故乡。

二

“转型升级”也许是工业领域近几年使用频率最高的流行词了，但季丙元认为，转型不光是换项目或产品，首先要换的是思想和观念，只有在思想观念上与时俱进，紧跟着市场，才能实现真正的转型。早在1993年，他就说服大家，启动了本厂的首轮转型：下马螺纹钢，生产汽车用弹簧扁钢。

转型升级往往伴随着设备的技术改造，这需要钱。

1994年，为了实现企业转型、改造设备，他把能借钱的亲朋好友都借了个遍。为了企业，他动员全家人节衣缩食，把所有的钱都用到了厂里。他的孩子至今记得他们家从父亲到龙腾后持续过了四五年的苦日子。

想尽办法后仍缺30万元，季丙元把最后的希望寄托在了银行借贷上。一天，他去某银行申请贷款，恰巧遇到一个也去借贷融资的大厂老板。银行痛快地为那位老板办理了借贷300万元的手续，而对他借贷30万元的请求却置之不理。贷到钱的老板还不无得意地对他说："你看我，只要开口就行；而你，借不到的。"

银行的藐视、大老板无意的奚落，深深地刺痛了他的心，让他感到憋屈、伤感和无助。但这次遭遇也让他瞬间明白了人为什么要自尊、自强的道理。一个梦想也就此在他心中升腾：一定要把企业做大做强，有朝一日，能有钱借给别人。

在常熟融资无望，他就频繁地跑去上海。

"中国机械工业供销总公司华东公司那位老总家有条狗，起先我去他家，那狗见我是陌生人，总是愤怒地朝我咆哮。后来我去得多了，那条狗也认得我了，看到我不再叫了，还直摇尾巴表示欢迎。"季丙元这样回忆他去上海融资的一个故事。

命运没有辜负他。他一次又一次的奔波，感动了那位老总。他借到了钱，设备改造得以顺利进行。慢慢地，龙腾开始"爬坡"。

转眼到了1996年，市场上的轴承钢球十分紧俏。季丙元当机立断，决定转型生产这一产品，而掌握这一技术的科研部门远在北京，于是那些年，他又成了北京地下室的常客。半夜时分，他常在地下室一二十人并排躺着的大通铺上辗转反侧，在此起彼伏的响亮鼾声里为如何说服科研部门为龙腾提供技术支持而苦思冥想。

他一次又一次千里迢迢地北上，用自己的真诚和执着赢得了北京某部领导的信任，终于获得了轴承钢球的生产技术。接着不久，后来享誉世界的耐磨球在此基础上问世。

三

很难想象，龙腾这个当年连工人都招不到的“濒危”企业，日后却把美国钢铁行业的一大巨头吸引了过来。

2018年1月31日下午，坐落在梅李镇北的龙腾总部来了四位金发碧眼的外国人。这几位外国友人的到来，季丙元董事长也是在他们到达之前不久才得到上级部门的通知的。留学归来的副总经理徐胜接过一位年长者递过的名片，向董事长翻译介绍了对方的身份。原来，来者是世界著名的美国实业合伙公司（American Industrial Parters）的总裁Kim Marvin先生及其助手一行。

其实，尽管双方从未谋面，但作为世界耐磨球行业的同行，他们并不陌生。这家美国公司是龙腾瞄准了追赶的世界老大；而带领企业让近十年来耐磨球销量不断蹿升的“中国常熟老季”，这家美国公司的CEO（首席执行官）也早已熟知。

一年后的今天，龙腾特种钢的耐磨球在全球的销量又增加了12个百分点，公司在国际市场上的销售额达到了40亿元人民币。龙腾还在国外“开疆辟土”，建在赞比亚的分厂已于2018年11月正式投产，而不久，还将到秘鲁兴建第二家海外分厂。大洋彼岸的Kim Marvin总裁如得知，将有怎样的感慨呢？

龙腾靠什么飞腾？

季丙元常说的一句话是“靠改革开放、靠党的政策”。然而，在同一片蓝天下，龙腾的今天也得益于这位董事长始终理性、科学、精准和具有前瞻性的决策。

如何在国际国内的变化中保持灵敏的嗅觉和超前的预判，事关企业的生死存亡，也时刻考验着企业领导者的智慧。决策失误，“一着不慎，满盘皆输”；决策精准，“一着占先，全盘皆活”。季丙元能够站在时代的高度审视市场，对国内外钢铁的供需、行情和钢铁市场走势都具有独到与透彻的理解，对本厂的情况更是了如指掌。他建立在知己知彼基础上做出的决策从来都不是冲动型的，而是经过深思熟虑的。

他提出的差异化发展理念避开了大型钢厂的锋芒，另辟蹊径，在大厂不愿生产、小厂生产不了的“夹缝”中拯救了企业。他关于细分行业的夺冠策略，让龙腾避开了大型钢厂体量庞大、产品种类繁多的压力，最终诞生了全国钢铁行业三个冠军产品——造船用球扁钢、耐磨球和PC钢棒，据此在中国乃至全球钢铁行业稳稳地占据了一席之地。目前，龙腾生产的造船用球扁钢销量占全国总销量的60%以上，耐磨球的销量达到国内第一、世界第二，PC钢棒的销量覆盖了国内50%的市场。2017年，龙腾获得工信部颁授的制造业单项冠军示范企业称号。

如果说汽车用弹簧扁钢是助龙腾起死回生的“功勋”产品，那么，造船用球扁钢就是龙腾的“发家”产品。2008年10月，龙腾的大型船用型钢项目正式投产，年生产能力达到百万吨，现已成为我国品种最齐、规格最多的“船用型钢大型超市”，企业被推选为中国船舶工业行业协会常务理事长单位，并成为船用钢多项国标的制定者。

在不断发展的过程中，那年龙腾特种钢一号高炉的成功点火，则标志着龙腾成为融冶炼与加工于一体的综合钢厂。此后，企业稳步发展。2015年，龙腾跻身中国民营企业500强；2017年，为国家创税首次突破5亿元；2018年，竟一举创税10.5亿元。但在全市民营企业工作交流会上，提到全年所创税金，志存高远，一向败不馁、胜不骄的季丙元只是平静地说了句：“在往年的基础上稳步增长。”

四

“让龙腾工人上班环境像旅游景点，住宿环境像宾馆……”在龙腾2019年迎新活动上，季丙元描绘了他新的梦想。

也许，很多人心中的钢铁厂都满是四溢的废水、轰鸣的噪音，还有厂房上空的腾腾烟雾和满眼的铁锈黄。但漫步龙腾厂区整洁平坦的大道，映入人们眼帘的是两旁苍翠浓郁的树木。这个工厂，即使在寒冬腊月也一样满目苍翠。春季里龙腾厂区百花盛开、姹紫嫣红，秋季里弥漫在厂区的桂花香气沁人心脾，夏季的龙腾厂区则更是枝繁叶茂、一片浓绿。总部和各分厂厂区的绿化面积大约达到25%。目前，投资达2亿元、占地面积近500亩的龙腾生态园正在紧锣密鼓地施工，建成后将成为梅李镇上一个景色优美的景点，“工厂像花园”的龙腾梦不久就将成为现实。

长期以来，季丙元坚持一手抓生产技术改革，一手抓绿化和环境治理。早在“蓝天保卫战”在全国打响之前，他就以前瞻性的眼光，不惜重金，自加压力，以低于国家排放标准的要求向噪音、煤烟、污水和粉尘宣战，厂里所有的原料传送系统、运输车辆全都封闭运作。迄今为止，龙腾用于安全生产和环保的投资已经达到25亿元，其中仅废水脱硝处理工程就投资3.5亿元。2019年，龙腾将全面实现超低排放。

据悉，2019年，龙腾还将投资3.5亿元为占地面积350亩的码头露天原料库场搭建一个环保大棚，在棚顶铺设光伏发电板。工程完工后，可彻底解决原料露天堆放产生的扬尘问题，还能通过太阳能创造年发电4000万千瓦·时的经济效益。

腾焰飞芒东方龙，熊熊熔炉别样红。

这就是季丙元董事长，他踏过荆棘、战过恶浪，他抓铁有痕、踏石有印，用25年的智慧和实干精神把一个濒临倒闭的钢铁企业培育成常熟民营企业的领军企业，用自己40年的奋斗人生向祖国和故乡交了一份优秀的答卷。而为了百年龙腾，他将带领常熟工业战线上的一支钢铁之师不断挑战自我、挑战极限，向更高、更远的目标挺进。

他，永远在路上，风雨兼程……

坚守并不断创新

——记常熟华东汽车有限公司董事长江建龙

◎陈竞之

2016年10月19日，在首都北京举办的第二届军民融合发展高技术成果展上，出现了一匹“黑马”——常熟华东汽车有限公司。这家民营企业落户县级市，以其创新的产品和过硬的质量而闻名，吸引了一批批国家领导人驻足。国家主席习近平同志来到展位前，握着公司董事长江建龙的手，亲切地与他交谈，边走边指示——这段近50米的路让江建龙难以忘怀。

谁能想到，20多年前这家企业还负债累累、濒临倒闭？是江建龙力挽狂澜，把公司和500多名员工领上了转型发展的康庄大道。

临危受命

华东汽车有限公司成立于1971年，曾是一家主营汽车维修业务的公司。那个时候，常熟一共只有两家汽车维修公司，而华东汽车有限公司是唯一面向社会车辆的服务站点。1973年，高中毕业的江建龙来到公司，成为车间一名修理工。

这个加班加点毫不介意、工作勤奋甚至可以一天干24小时的学徒，让领导和同事刮目相看，很快就被推选为新组建车间的主任。江建龙学习成绩优异，又热爱文学，原本想要考大学，但是因为工作，他只能把梦想搁在一边，谁知道一搁就是一辈子。

十几年间，他从车间主任成长为团委书记，从一个部门转到另一个部门，经过重重历练，实现了自我提升，得到了企业认同，30周岁就成为厂级领导。40周岁那年，他被组织任命为华东汽车有限公司党委书记兼总经理。

然而，1995年的华东汽车早已失去了往日雄风，正到了“最艰难的时刻”。因为国家政策的调整和汽车市场的剧烈变化，华东汽车连年亏损。那一年，企业亏损了300多万元，而累计亏损总额已经达到了几千万元。

华东汽车面临着生死存亡的考验，江建龙没有选择的余地。党叫干啥就要干啥，组织让干就要干好。无论多么艰难，他都必须带领企业走出困境，这是他的职责。

妙手回春

40岁的江建龙，既有着年轻人难以拥有的丰富经验，又有着老一辈无法比拟的眼光和胆识。他知道，原有的发展方式难以为继，只有把人心安定下来，才能把企业的生命力凝聚起来，这样才能突破困境。但安定人心并不能靠画饼充饥，给一个虚幻的希望，关键在于要拿出实实在在的目标，以及直击目标的强有力措施。

他细细分析局势，得出结论：华东汽车没有生命力的关键原因是产品技术含量低、附加值低，如果产品结构不调整，企业就没有希望，所以当务之急是从调整企业产品结构入手，重整旗鼓，让企业走出困境。

经过大量市场调研，江建龙发现了“蓝海”——运钞车市场。当时国内还没有专门生产运钞车的企业，也就是说没有同类公司竞争，市场发展前景看好，而且华东汽车又有相关的技术优势，有发展的底气。这就是机遇。于是，1996年，江建龙果断地带领企业实施产品结构调整，着手研制运钞车。开始，他们只是在面包车内进行隔断，形成“银箱”，增加运钞车的开启难度。即便如此，产品依然一上市就在省内热销。公司成功实现了产品结构转型，顺利走上了定制化道路。市场向华东汽车敞开了大门，华东汽车起死回生了。

华东汽车的运钞车还让“中国制造”扬眉吐气。20世纪90年代，人民银行曾经从德国进口一批运钞车，十年后这批车面临淘汰，需要重新采购。华东汽车得到消息后，向人民银行自荐。随后，人民银行组织了全国招标，国内6家相关企业竞标。按照人民银行的要求，每家企业生产20台运钞车进行了比拼。最终有3家企业竞标成功，华东汽车成为最大的赢家——人民银行80%以上的运钞车都向他们订购。中国运钞车从国外进口的历史就此终结。

第一轮产品结构调整后，华东汽车形成了以运钞车为代表的产品结构。从进入领域到成为翘楚，成为运钞车销量全国领先的企业，华东汽车仅用了不到十年的时间。直到现在，华东汽车依然在运钞车行业独领风骚，大型运钞车占据了全国市场90%的份额，小型运钞车约占35%。

乘胜追击

在企业发展的过程中，江建龙始终倡导科技先行的理念。华东汽车先后创立了省级企业技术中心和工程技术研究中心，培育了一支专业素质过硬、研发创新能力强、行业经验丰富的科技队伍。同时，公司与国内众多知名院校和军内外科研机构建立了良好的合作关系，搭建产学研合作平台，有效提升了自主创新和科技研发能力，收获了丰硕的科研创新成果。

除了支柱型产品金融护卫车辆和装备，公司还致力于拓展新兴产品，一系列高科技产品先后服务于2008年北京奥运会、2010年上海世博会、2016年G20杭州峰会等国际性活动。公司凭借技术研发优势、产品质量优势以及国内专用汽车领域一流的品牌优势，吸引了世界500强、国内100强大型企业等知名品牌客户。而在公司蒸蒸日上的时候，江建龙早早地嗅到了电子货币和数字货币的发展气息。他带领员工们开启了第二轮产品结构调整的征程。面对复杂多变的国际、国内经济发展情况，在挑战和机遇并存的严峻形势下，江建龙密切关注市场动态，在军工定制领域持续发力。

近年来，公司所承接的多项军品研制项目，产品性能和公司服务保障能力得到了部队的一致认可。在纪念中国人民抗日战争暨世界反法西斯战争胜利70周年大会时，华东汽车生产的装备随后勤保障方队一起接受了党和国家领导人、全国人民的检阅。江建龙作为“民参军”企业代表，受邀在天安门广场观礼大阅兵仪式。2016年10月，公司研制的专用装备助力“神舟十一号”载人航天飞船发射成功。同月，公司作为江苏省仅有的6家民营企业之一，在京参加第二届军民融合发展高技术成果展。展会期间，国家主席习近平、国务院总理李克强等党和国家领导人分别来到华东汽车展位前，对公司产品予以了肯定。

再接再厉

如今，年过六旬的江建龙依然过着不断奋斗的生活。外出公干，他经常定晚上最后一班航班，这样既不会耽误晚餐时间的业务洽谈，又不会耽误第二天的工作。对华东汽车下一步的发展，他已经绘下蓝图：一是要实现军品和民品同步发展，两者不偏废任何一个；二是要实现货运车和乘用车同步发展，满足人民生活水平提高后对乘务车辆的个性化定制需求；三是要实现汽车类和非汽车类产品同步发展，对有市场前景和生产优势的产品不做局限。

高质量发展长路漫漫，华东汽车不能停下，江建龙也不能停下。但每到夜深人静时，江建龙还是会偶尔想起自己朦胧的文学梦。回想过去几十年，正是凭着那份对企业的责任和坚守，他才能带领企业推陈出新走上正轨，实现了人生中最大的成就；与此同时，他付出了自己全部的青春。

“创想”为成功插上翅膀

——记江苏创想集团董事长金洪正

◎陈竞之

他年仅45岁，却已然叱咤商场近30年。从白手起家到开创“钱贵”视听歌城，成为常熟大众休闲服务行业的领跑者；从捕捉机遇到布局多领域投资，全方位提升创想的品牌影响力，他领导的创想集团实现了多产业全面开花、深度融合，每年缴纳税收超亿元。

他，就是金洪正，因低调而带神秘，因“创想”而成传奇。

白手起家　打开创业之门

1978年，改革开放的春风吹拂过神州大地，在浙江省义乌市，改革开放的先行者们用“鸡毛换糖”敲开了市场经济的大门。出生在义乌市后宅小镇的金洪正，从小就感受到了身边日新月异的变化，感受到创业大潮的冲击。

由于家庭贫困，中学毕业后，金洪正做出了和很多同龄人不同的选择：他没有继续学业，而是跟随父辈踏上了从商之路，用稚嫩的肩膀早早挑起了生活的重担。那时候，老一辈义乌商贩挺立开放潮头，游走在全国各地做小商品生意。他紧随其后，感受到了创业的艰辛，也学到了老一辈的胆识和策略。

18岁那年，金洪正来到了常熟招商场，在叔叔的商铺里帮忙。他好强好胜又聪明能干，把叔叔的店铺打理得井井有条，生意日益兴隆。

1994年，好运降临到了金洪正的头上。招商场东方市场建成开市当天，有位朋友叫他去排队摸“票头”。本是碰运气，他却坚持不懈从早上排到第二天深夜1点多钟，终于获得一张“票头”。当时，招商场摊位一席难求，这张进入东方市场经营的“入场券”市值5000元，这在当时是一笔不小的数目。之后，公开抽签时，他又抽中了停车场旁边的一个“头摊”。这年他刚好20岁，已经在经商之路上辛苦闯荡了4年。而这一年，他用3个月时间赚了7万元。

1996年，常熟招商场规划整合小商品市场，划行归市，把分散的摊位统一并入万利市场。金洪正在市场的核心区域买到了转角处的一个门市部，开始经营音响器材设备、音乐磁带和光盘唱片。此后近三年，他立足常熟，奔波于深圳、广州、北京、上海等改革开放前沿阵地，每月飞机行程2万多公里，每天晚上12点睡觉，凌晨4点就起床做生意。三年里，他赚取了沉甸甸的第一桶金，也开阔了眼界，学习了前卫的思想，为他搏击商海积攒了勇气和智慧。

慧眼识珠　开创行业先河

手握第一桶金，做什么比较好？年轻但经验丰富的金洪正有自己的判断。经过前期调研，他决定扩大范围，向常熟城区去发展。他认为，常熟这座历史文化名城，有着很深的文化底蕴，又在改革开放中激活了经济活力，但却缺少适合工薪阶层的大众化娱乐场所。瞄准常熟消费市场这一“蓝海”，思想超前、敢于创新的金洪正开始摸索涉足休闲服务项目，第一桶金迅速增值。

到了2002年，他又看准了城区投资的复合价值。一方面，他立足城市优质板块，以商养铺，保证投资的保值增值；另一方面，他又瞄准休闲服务产业中蕴藏的广阔商机，利用多年积累的经营文化设备的资源，毅然进军商业地产和休闲服务行业。当年，他果断出手，以1100万元的高价拍下了京门影城二、三楼两个楼面；次年，他又以8100万元的高价买下了方塔东街一栋3300平方米的商业楼，在当时常熟最好、最热闹的步行街地段投资创办了常熟京门和方塔东街两家量贩式视听歌城。这两家视听歌城立足开发工薪阶层消费市场的特点，以平易近人的价格来吸引和满足大众娱乐需求，以高档的音响配置和文明得体的服务来提升用户满意度，成为常熟城里最受欢迎的大众化娱乐消费场所。同时，他把握时机招商引资，吸引知名品牌入驻方塔东街商业楼，收到了较好的经济效益和社会效益。

2004年，常熟市人民政府对长江西路进行改造，虞山林场在虞山北路及长江西路建造起一排商业楼。金洪正反复前去考察，在这里创办了高档浴场休闲中心和第三家“钱贵”量贩式歌城。在接下来的几年里，他又瞄准了世茂商圈及常熟周边城市，先后在常熟泰山北路及上海、太仓、无锡、江阴、张家港等地投资商业地产项目，开办十余家“钱贵”量贩式连锁店。

匠心独运　创想引领风潮

为了实现连锁化经营，2010年，金洪正申请注册了“创想”商标，以文化贸易和文化项目投资为主，通过团队股权激励，整合资源，全面实施品牌战略。

“创新致远，成就梦想。”熟悉金洪正的人都知道，他是一个求知欲望非常强烈的人。面对新事物，金洪正总是保持一种开放的心态，他总是能在了解新事物、新观念的同时，融入自己的经验和看法，从而使新的想法为事业加成，为人生加码。他不跟风，不盲从，长期在学习和反思中保持清醒的头脑，踏踏实实做好自己想做的事情。在把“创想”变成现实的过程中，他注重打造一支高素质的骨干队伍，先后从上海、广东等地聘请专业管理人才40多人，千方百计调动员工积极性，提升团队的整体素质和实战能力。

在他的带领下，创想先后被认定为苏州市知名商标、江苏省著名商标、苏州名牌产品、江苏省服务业名牌，成为常熟乃至长三角地区健康休闲服务行业的领跑者。

在常熟娱乐业独领风骚十多年后，面临着市场萎缩、行业竞争日益激烈、行业格局进入背后新一轮洗牌等难题，该如何破解？金洪正不断调整经营思路，寻求创新突破口。

他积极响应国家“互联网+”行动计划，深化拓展线上线下的互融经营模式，进一步向周边产业延伸，促使企业由传统服务向创新服务转变。2016年，他投资研发新型服务科技项目——创想会客厅，结合移动互联网电商模式，为客户提供线上选择商品、定制专属商品等服务。“会客厅”项目出现在常熟市场上的时候，以其新潮的风格和精准的定位、个性化的特点，受到了消费大众的追捧，再一次开创了常熟地区新型消费服务模式的先河。这一项目随后被列入苏州市、常熟市两级文化产业重点项目。2018年，"会客厅"首个合作项目在广州注册成立，新服务模式已逐步形成一个新的创想文化产业链。

胸怀丘壑　企业行稳致远

此时的创想集团，早已不止是文化产业的佼佼者。在企业发展过程中，金洪正始终考虑怎样使企业行稳致远，多元化拓展发展领域。

2006年，他把握住城市开发的契机，投身房地产业，创办了锦星置业有限公司，成功开发了港汇之星、琴剑苑、锦星家园等住宅项目，以及合作开发信一景天花园、万禾金域蓝湾、中南锦苑等多个建设项目，累计开发面积达100多万平方米。

他认真研究和分析房地产市场的发展形势，再加上多年来的创业经验和日渐成熟的人才队伍，在房地产开发领域持续发力。2010年12月，他通过股权受让方式收购了常熟市名流房地产开发有限公司，高品质地开发了名流世纪庄园（名流·御园）。这一项目总占地面积728亩，是常熟迄今为止规模最大的纯独栋别墅项目，其中二期御园378亩，预计在2022年整体开发完成。

2013年，随着苏州创想地产有限公司的成立，金洪正开发了创想·凯旋湾项目。项目总占地面积88亩，总建筑面积约12万平方米，产品以联排别墅、多层电梯洋房、湖景公寓为主，是常熟城市中心低密度湖景项目。

2014年，他全资收购常熟市旋力房地产综合开发有限公司，开发创想·魅力城项目，创业阵地向城市副中心梅李扩张。项目占地面积150亩，总建筑面积约20万平方米，产品由电梯花园洋房、水岸高层和意大利风情商业街组成，提升了梅李的区域价值。

多年来，金洪正和他的集团开发的项目取得了优异的销售业绩，赢得了市场的赞誉，多次被评为江苏明星楼盘、江苏绿色健康型理想住宅。

他还同时将业务拓展到物业管理和商业地产租赁领域，发展势头良好。2002年，他开始涉足商业地产行业。十多年来，他通过开发、购买、合作经营等方式，立足城市优质板块和城市潜力板块的开发，运营管理项目遍布整个城区，投资运营面积超过10万平方米，进驻商户涉及家电、纺织服装、酒店、娱乐、餐饮、食品零售等二十多类，其中有不少国内著名连锁商贸企业。

“一个真正的企业家，不能只靠胆大妄为东奔西撞。他必须在市场经济的大潮中摸爬滚打，在风雨的锤炼中成长。”国际金融危机后，金洪正积极面对经济形势的新考验，在“挑战与危机”共存中寻找突破口。他抓住国家“十三五”规划中鼓励民营企业依法进入更多领域的契机，通过股权投资、合作经营等多种方式寻找新领域的投资平台，稳步进入金融资产、医疗服务等多个领域。2017年至2018年，他创办的苏州洪涛创业投资中心、苏州易金资产管理有限公司相继成立，开启创业股权投资和资产收购重组的业务模式，拓展了创想的转型发展空间，实现了投资的多元化，在控制风险的前提下为企业开拓更为广阔的发展前景。

脚踏实地　志在超越自我

“一开始做企业，最大的梦想是让家人和自己过上好日子，自己能实现人生价值。后来企业逐步做大了，就想着要给我身边的人提供一个展示才能的平台，为个人、企业、社会创造价值。”对金洪正来说，如今物质回报早已不再重要，他追求的是在精神层面实现自我超越。他担任了常熟市政协第十二届、十三届、十四届政协委员，常熟市慈善总会荣誉副会长，虞山街道办事处（虞山旅游度假区）商会会长，常熟市浙江商会执行会长、监事长，常熟市义乌商会会长，江苏省企业家协会、企业联合会副会长等社会职务。在以各种途径更多地参与社会事业的过程中，他不忘回报社会，积极承担社会责任，主动履行社会义务。

五年来，创想集团平均每年缴纳税收1.5亿元，每年为社会提供就业岗位。集团多次向常熟市慈善总会、常熟市光彩事业促进会等慈善机构捐款超过300万元，善款用于扶贫助困、捐资助学、抗震救灾等公益事业。同时，创想集团还积极支持企业非公党支部和工会组织的建设，注重推进富有特色的企业文化建设，不断以文化软实力助力企业扩大影响力，以品牌效应提升企业形象。金洪正个人对弱势群体富有同情心，无论是帮扶对象，还是有特殊困难的员工，他都经常及时伸出援助之手，慷慨解囊。

回顾过去，金洪正心怀感恩，因为改革开放给了他改变自己命运的机会；展望未来，他希望能为国家多做一点事。“无论是纳税、创造就业岗位，还是推动行业变革，我都会尽我所能。改革开放是一个恢宏的进程，相信下一个10年、20年，中国仍有巨大的发展潜力。作为民营企业，我们能做的就是顺势而为，把握机遇，为社会经济发展做出更大贡献。”

把创新融入企业血脉

——记江苏华益科技有限公司总经理金建华

◎陈竞之

江苏华益科技有限公司总经理金建华先生，是一位在改革开放大潮中成长起来的企业经营者，是一位勇于开拓和接受挑战、不畏艰难、奋发进取的企业领导者。

从十多年前不足50人、产品单一、年产值不足百万元的小企业，到今天总资产3.6亿元人民币、年产值3.5亿元人民币、年出口额3000万美元、年上缴国家税收近3000万元人民币的高科技民营企业，华益科技的发展，见证着金建华这位创业者勇于面对困难的胆识和胸怀，见证着成功者的气魄和智慧，也见证着一个企业家的创业征程和成长历程。

创新引路　科技兴企

创业初期，华益科技只是一家小小的化工企业，为染化企业配套生产简单的化工助剂。金建华凭着一股如火的寻求发展的热情和锲而不舍的攻坚精神，饱尝苦辣酸甜，冲破重重困难，顶着压力引进先进设备，改善公司生产条件和工作环境。

金建华秉承以企业转型求生存，以科技创新求发展的经营理念，始终重视修炼企业的“内功”，以创新实践不断提升企业核心竞争力，引领企业发展。2003年，为摆脱落后产能，避免对环境造成不利影响，金建华带领企业进行转型升级，逐步放弃原先的精细化工业务，开始涉足生物医药领域。他带领公司团队进行了“水中淘金”的技术攻关，从水中分离出了价格比黄金还高的重氧水，解决了长期以来重氧水进口价格高、供货周期长的问题，使公司成为国内第一家能够生产重氧水的企业。

重氧水主要应用于PET/CT（正电子发射型计算机断层显像/电子计算机断层扫描）显影剂的制备。这次成功攻关后，他没有因此而自满。2006年，他带领团队开始对PET检测专用试剂盒的其他原材料进行开发。经过十多年的发展，公司不仅完成了三氟甘露糖、穴状配体222等原材料的开发，更成为国内大型PET检测专用试剂盒原材料生产基地，成为全球三家PET检测专用试剂盒原材料生产企业之一。此后，公司积极向产业链后端发展，完成了肿瘤和神经系统等疾病早期诊断显影剂的开发，并建成了国内第一家基于分子影像系统用于药物筛选研究的公共服务平台。

在2008年世界金融危机来临时，为抵御国际金融风暴的冲击，为科技创新奠定坚实的经济基础，金建华从公司抽出部分自有资金投资到房地产、能源等行业，增加公司的营利渠道，确保以出口为主的企业在国际金融危机冲击中保持了较好的营利水平，稳定了企业的发展，也为促进主业和新技术开发打下了基础。

2013年，他带领团队又进行了同位素水产品的一体化开发，完成了重氧水、重水、低氘水、双标水这四种同位素水产品的开发，成为当时全球唯一能够同时生产多种同位素水产品的企业。经常熟市科学技术局组织的科技成果鉴定，项目的关键技术处于国际领先水平。如今，凭借特殊工艺，华益科技已实现多种同位素水的开发，重氧水的销售更是占到了全球市场份额的5%。

持续增强的创新能力让华益科技早在2007年就获得了江苏省高新技术企业称号，2009年通过了高新技术企业新标准的认定，2012年通过了复审。华益科技还是江苏省创新型企业、苏州市创新先锋企业，获得过苏州市科学技术进步奖，拥有江苏省重点新产品1项、江苏省自主创新产品1项、江苏省高新技术产品12项；公司在多项设备、工艺方面申请了专利近30项，其中获得授权发明专利8项、实用新型专利12项。此外，公司积极向上争取科技项目，承担并完成了包括国家高技术研究发展计划（863计划）、国家火炬计划、江苏省自然科学基金、江苏省科技支撑计划等在内的重点科技项目。

人才强企　为虎添翼

从单一化工助剂，到品种齐全的冰染染料，再到高品质的颜料中间体，接着拓展到新型农药中间体和医药中间体；进而进军电子化工行业，成为国内生产半导体超纯化学品的第一家企业；同时涉足国际顶尖的核医学行业，为最先进的核医学正电子发射型计算机断层显像诊断技术生产配套产品；到最近环保低碳、节能减排的风力太阳能电能储存技术和防癌保健的低氘水产品……人才为华益插上了腾飞的翅膀。

随着公司的不断发展，为适应日益变化的市场竞争需要，金建华高瞻远瞩，积极组织技术创新、组织创新和制度创新，注重人才的引进和培养。公司先后建立了技术先进、设施齐全、人才济济的省级工程技术研究中心，与清华大学费维扬院士合作建立了常熟第一家省级院士工作站，与南京工业大学联合建立了省级研究生工作站，最近又独立创建了省级博士后创新实践基地，吸引高端人才入驻，每年的研发投入达到1500万元以上，占销售收入的5%以上。

公司不断吸纳高层次人才、专业技术人才充实公司管理队伍和研发队伍，先后引进博士3人、硕士10人。在他们的共同带领和努力下，华益科技的整体规模和经济效益都有了新的突破，企业管理水平不断提升，产品质量有着ISO质量、环境体系标准的有力保障，生产运营积极推行安全标准化，员工的整体素质和岗位技能得到了全面提高，从而提高了企业在同行业中的总体竞争力，为企业不断发展打下了坚实的基础。

金建华还主张要大力丰富员工的业余文化生活，以先进的企业文化凝聚员工，增强企业软实力。为此，公司建设了员工活动篮球场、台球室、乒乓球室、健身房等，设立了多功能厅，在员工休息区配备了研磨咖啡机、自制冷饮机、冰箱和电视机等，为员工午休提供了舒适的场所。为使外来员工扎根公司，公司在员工宿舍内除了配备必需的床、桌椅、衣橱等家具，还配备了洗衣机、数字电视、宽带网络等。为使青年员工能够安心工作，公司积极组织与外单位的联娱活动，解决单身青年员工的婚姻问题。为留住高端科技人才，公司还为研发人员在常熟市区解决了住房和子女入学问题。对生病住院的员工，公司主动发放慰问金，为远途看病交通不便的员工提供交通便利。公司始终把员工的个人利益与公司的集体利益放在同样重要的位置，充分关爱员工，共创公司和谐氛围。

不忘初心　回报社会

在华益科技经营发展的过程中，金建华始终秉承“信誉第一、诚信经营”的宗旨，“求发展、赶先进、争创新”的企业管理意识，使公司保持良性发展态势，经济效益也持续稳步增长。公司被评为3A级信誉企业，得到了银行等金融界机构的一致好评。在市场经营方面，坚持诚信经商，在客户中树立诚信口碑，在行业中树立企业信誉。

作为化工企业的领头羊，金建华有着强烈的环保意识。为减少三废（废水、废气、废渣）排放，他主动放弃了市场看好，具有一定利润空间，但三废排放量比较大的30多个冰染染料产品，淘汰了利润较好的红色颜料产品，同时主动撤出莫城和太仓浏河占用居民区的老工厂，投入大量资金在江苏常熟新材料产业园新建了完全符合国家环保节能要求的新型生产基地。

在废水治理方面，他聘请了南京工业大学的环境治理专业队伍，先后斥资1200多万元对废水处理设施进行了改造，确保末端废水排放达到国家三级标准，其中部分磷、氮指标达到国家一级标准。

在节能减排方面，金建华积极组织开展清洁生产工作，投入新技术、新工艺以减少能源、资源的消耗，对重氧水的生产装置进行多次调整，对精细化工新产品的工艺及后处理装置进行提标升级，每年可节约蒸气300吨、电能20万千瓦·时、自来水2万吨，减少废水排放近2000吨，实现经济效益230万元。

在企业蒸蒸日上的同时，金建华并没有忘记造福社会，服务群众。为了回馈社会，弘扬乐善好施的中华传统美德，金建华通过经济资助的方式，为农村卫生医疗事业、社会公共安全和教育事业等方面的发展奉献爱心，先后分别为常熟市莫城卫生院捐赠数字化X线摄影系统，为常熟市消防站捐赠先进的消防车辆，为常熟中学捐赠先进的电教室，为常熟理工学院出资建设研发实验室，为汶川地震灾区捐赠善款，等等。

金建华的创业取得了突出的经济效益和社会效益，在全市影响深远。他富有责任感，有奉献精神，充满正能量，先后担任常熟市政协代表、常熟市人大代表。面对荣誉，他不骄不躁，继续致力实业，努力为“中国制造”添砖加瓦。

恪尽职守展劳模风采

——记省劳动模范、江苏东盾木业集团有限公司董事长李友余

◎徐善凡

高级经济师李友余，历任江苏常熟市吴市塑料厂、徐市振华塑料厂负责人，常熟市梅李轧花厂副厂长，常熟市东方人造板总厂厂长，江苏东盾木业集团有限公司党总支书记、董事长。自1970年参加工作以来，他立足岗位，奋发进取，开拓创新，勇于奉献，无论在何种岗位，从事何种工作，他都是干一行爱一行，一心扑在工作上，兢兢业业，踏踏实实，勤勤恳恳，各项工作想在前、干在前，起到了模范带头作用。他突出的业绩，勤奋务实的工作作风，得到了上级领导的充分肯定，多次被省、市政府评为先进工作者和劳动模范。他为企业的发展壮大，做出了突出的贡献。

他多次被常熟市委、市政府评为优秀厂长经理、优秀企业家，2003年被评为苏州市劳动模范、淮安市劳动模范，2006年被评为江苏省劳动模范，2009年被评为江苏省百名农村杰出人物、中国百名农业产业化功勋人物，2010年获常熟市“慈善明星”称号……荣誉面前，他始终保持高尚的品德和良好的精神风貌，百忙之中抽出时间积极参与社会活动。应常熟理工学院及南京林业大学邀聘，他担任两所大学的客座教授，为培养学生正确的人生观、价值观，言传身教。他为人正直、作风优良，无论是在工作还是生活中，都是以身作则，办事不推诿，困难不回避，清正廉洁，遵纪守法。

临危受命 奉献企业

1998年2月28日，常熟市供销合作总社一纸调令，在国营梅李轧花厂副厂长岗位上的李友余被调任常熟市东方人造板总厂厂长。原来，东方人造板总厂从1995年投资建厂到1997年底，已走到山穷水尽的境地，倒闭的危机已一分一秒地逼近这个投资数千万元的企业。对人造板行业来说纯粹是个门外汉的李友余临危受命，担任厂长。上任初始，从调整班子、转变思路入手，他一头扎进企业，首先找工人，找技术人员，找亏损的症结，找产品卖不出去的原因。存在的问题找到了，办法也就自然而生。然后，企业全面实施技术改造，严格控制成本，严把产品质量关，积极创新营销方式，千方百计筹措改造资金。经过10个月日日夜夜的奋斗，年终时，账面终于扭亏为盈，有了利润。为什么一个门外汉一上任就打了翻身仗？市场竞争就是这样无情，谁能驾驭，谁就获胜。李友余对市场竞争一点也不陌生，他担任过多年的塑料厂厂长，在轧花厂当过领导，在供销社做过生意，加上对事业的追求和不懈的努力，都是他成功的源泉。到2000年，企业年获利超千万元，弥补了以前的亏损，逐步进入良性发展阶段。由于人造板行业对资源的依赖性很大，要使企业更上一层楼，就必须“走出去”办厂，低成本运作。

通过调查研究，李友余首选苏北的洪泽县（现为淮安市洪泽区）为扩展生产规模的“根据地”，充分利用当地原材料、劳动力等资源和政策等诸多优势，在资金方面联合苏州、上海等地实施多元投入，扩大生产规模。新工厂当年竣工，当年投产，当年取得利税200万元的成绩，一跃成为洪泽县的第二大企业，从此企业“走出去”的势头不可阻挡。2001年，他在安徽省的宣城建成高立人造板有限责任公司。2002年，常熟市东方人造板总厂实施产权制度改革，变更为常熟市东盾木业有限责任公司。随着机制改革，企业有了更大的自主腾飞的空间，以每年发展一个子公司的速度，分别在江苏省淮安、滨海，安徽省池州、凤阳、太和等地投资建厂，拥有了10家子公司、1个营林生产基地和3500公顷速生材原料基地。整个集团公司年销售收入13亿元，年产人造板120万立方米，每年为当地15万农户每户增加收入近3000元，累计财政贡献超1亿元，进入中国人造板行业前三强，成为江苏省、安徽省农业产业重点龙头企业。公司成为江苏省速生材产业技术创新战略联盟理事会理事长单位，获得国家人事部、全国供销合作总社授予的先进集体荣誉称号。李友余同志被评为江苏省劳动模范，并受南京林业大学特聘担任兼职教授。

挂钩帮扶　奉献村民

随着公司实力的不断增强，李友余在企业管理工作会议上反复强调，公司发展离不开社会的机制平台，离不开当地政府的政策扶持和帮助，也离不开企业所在地农民和各界人士的支持配合，因此企业壮大了理应回馈社会、反哺农业，为地方多做贡献。自2004年开始，根据镇党委、政府安排，东盾木业集团有限公司与经济薄弱的东盾村结对，开展村企挂钩帮扶工作。李友余一直挂职担任东盾村党组织第一书记，针对该村实际情况，经过调查研究，采取精准扶持方法，通过建造出租工业厂房、拉项目等方法增强村集体造血功能，前后累计投入资金数百万元，使原来的薄弱村转化为村级可用财力进入镇级第一方阵的富强村。李友余自己从未在该村拿过一分钱的挂职工资，没有吃过村里一顿像样的饭菜，却对村里80岁以上的老人关怀备至，每逢中秋节、重阳节都要进行慰问，自2006年起更是逢年过节都会发放过节费和节日物资。

慈善捐助　奉献社会

2017年，常熟市慈善总会发起了新一轮的慈善捐款活动，李友余义无反顾地认下了董浜镇慈善募捐基金头筹的180万元善款。而在镇里举行的历次慈善捐款活动中，不论任务多么艰巨，为了社会上的困难人群，东盾集团公司总是勇于争先，从不丢下“全镇第一”这个冠军荣誉，尽力为慈善事业多贡献一份力量。

除此之外，公司早在改制初期就根据李友余的提议设立了企业爱心基金，基金由每年集团中层以上会议上高层管理人员的爱心捐款、员工平时的违章罚款、工会基金拨入部分等组成，主要用于企业员工因车祸致伤致残、家庭成员重病致贫致困等的帮扶救助。多年来，通过爱心基金的运作，前后有40多名员工获得近百万元的帮助，在企业范围内局部缓解了员工的困难。已从公司退休，家住常熟市碧溪新区徐虎村虎路6组的钱正刚患有腰椎间盘突出，不能再干重活；他的儿子年近40岁，患有强直性脊柱炎，不能干活；儿媳妇离家出走；13岁的孙子还在上小学；还有一位年迈的老母亲。他家庭的实际困难太严重，被市民政部门确认为低保救助对象。公司退休员工管理委员会研究决定，动用企业爱心基金，给予他家特殊的经济补助。

培育人才　奉献国家

李友余具有独特的人才观，他不仅善于从公司内部发掘和培养技术、管理、经营等方面的优秀人才，而且重视从社会上积极引进和聘用对企业发展有用的各类人才，并大胆使用、委以重任，以满足企业不断开疆拓土、巩固发展的人才需要。不仅如此，他还能从实现民族振兴强国梦的高度着眼，为国家现代化建设培养有用人才。2010年，常熟市残疾人联合会有一名一级视力残疾的游泳女运动员李桂芝，年仅18岁，有培养前途，但她家境极其贫困，希望有关社会企业能提供资助。李友余得讯后，当即招她为企业挂钩员工，每月为其发放工资、缴纳社会养老保险金，给予经济上的支持和鼓励。经过两年的艰苦培训，李桂芝不负众望，在2012年伦敦残疾人奥林匹克运动会（简称残奥会）上，一举斩获女子50米自由泳S11级银牌和女子100米自由泳铜牌，实现了常熟市残奥会奖牌零的突破，并成为第一位夺得残奥会奖牌的苏州运动员。获此殊荣后，企业给予她重奖，鼓励她再接再厉，勇攀高峰。2016年9月，里约残奥会上再传捷报，东盾员工李桂芝，一举夺得了残奥会女子50米自由泳S11级金牌，并以30.73秒的成绩刷新了世界纪录，为中国出了彩、争了光，赢得了荣誉。

老骥伏枥　志在千里

已经步入退休年龄的李友余并不满足于已经取得的成绩。怀着对家乡的情结，看着东盾集团赖以起家的“根据地”已经吐尽了养分的残躯，不能再适应市场经济的需求及社会环境的要求，他知道，必须再次寻找新的发展方向。木材类产品是国家建设和人民生活中不可或缺的生产资料和生活资产，与钢材、水泥、塑料并列为四大类建筑材料，是不可替代的产品。以人工林、速生丰产林、木产品加工中的“三剩物”及次小材为原料的人造板工业是朝阳产业，尤其是刨花板，符合绿色环保理念，应用市场广，其产品性能符合现代企业和大众消费者的习惯和要求。

经过市场调研，他运筹帷幄，投资1.8亿元巨额资金，开展20万立方米的环保刨花板项目。通过前期专项申报，各项前期评估、审批目前已全部完成，项目进入基建投入的阶段。预计2019年投产后，新项目每年将实现产值2.5亿元，实现利税4000多万元，为董浜镇的持续经济发展做出新的贡献。

行业引领“掌舵人”

——记江苏亨通高压海缆有限公司总经理李自为

◎邢洁

李自为，高级经济师，亨通电力产业集团总裁、江苏亨通高压海缆有限公司总经理，吴江区、常熟市劳动模范。1994年，他毕业于华中科技大学，是当时还是乡镇企业的亨通集团招进的第一个大学生。经过28年的发展，亨通集团如今已成为年营收超过1000亿元的国际化民族企业。李自为作为亨通电力产业集团总裁，担负着亨通电力产业集团打造全球能源互联系统解决方案服务商的历史使命。

2018年，亨通高压海缆入选央视《大国重器》、中宣部致敬改革开放40周年《改革开放与中国企业发展》及大型纪录片《我们一起走过——致敬改革开放40周年》（第六集《爱拼才会赢》），李自为全程参与纪录片录制。

亨通高压海缆在李自为的带领下，进入全球行业第一阵营。享受这荣耀的同时，李自为想起了自己带领亨通高压海缆崛起背后的很多故事。

1994年，李自为作为最早一批大学生加入亨通，当时他在厂里负责设备安装和维护。有一次，专家组要来厂里进行一项重要的技术认证，前一天晚上，他却因为操作失误，烧坏了自己刚修好的设备电路板，影响了第二天的专家组验收。那次事故让企业损失了上百万元。正当他内疚自责，准备卷铺盖走人时，当时的亨通集团董事局主席崔根良却极力挽留他。他感动得想哭，暗自下定决心要在亨通奉献自己的力量。30岁那年，李自为肩负起了亨通子公司总经理的重任。在公司经营状况良好的情况下，他服从集团公司统一安排，调任其他公司，任负责生产、设备的副总经理。但是，他没有半句怨言，欣然接受新的任务，全身心投入新岗位，兢兢业业地工作着。

亨通在常熟经济开发区设立海缆工厂，产品主要用于海底电力及通信传输，是电缆行业"皇冠上的明珠"，是电缆行业产品中技术含量最高的。但海缆行业的门槛比较高，一方面需要很大的资金支持，另外一方面需要有行业业绩支撑。当时的亨通高压海缆虽然在硬件、区位等方面较竞争对手有一定优势，但没有行业业绩，无法快速打开市场。当时，亨通高压海缆累计三年亏损3.5亿元。面对日益增长的财务、管理、折旧等各项费用，亨通高压海缆的状况岌岌可危。面对经营压力，2013年下半年，李自为临危受命，担任亨通高压海缆总经理，控制着亨通高压海缆这艘大船的行驶方向。

2015年的大年夜，李自为从俄罗斯返回了国内。这一次，经过多轮商务谈判，他拿下了亨通高压海缆梦寐以求的海缆订单。然而这个订单对亨通高压海缆来说极具挑战性，因为亨通高压海缆从未有过如此之高电压等级的海缆业绩，是否可以顺利生产出来，大家心里都没底，一旦订单交付失败，对整个亨通高压海缆来说可能是一个毁灭性的打击。李自为在困难面前不低头，制定了一系列的生产组织、设备改造、工艺试制、试验论证等方方面面的措施。经过一年多的努力，亨通高压海缆完成了这一历史性订单交付，改变了亨通高压海缆的命运。亨通高压海缆就此拥有了海外重大工程业绩，突破了业绩受限的瓶颈。为此，李自为又提出了要紧紧围绕"全球运营、业务变革、创新驱动、人才领先"的四大发展战略，通过落实业务结构调整、强化海缆营销、突破大长度超高压海缆研制核心技术、打造绿色智能工厂提升效能、夯实质量管理基础工作等措施，带领企业攻坚克难，创造了单根1.8km世界最长500kV海底电缆（全球首创），30.2km世界最长220kV单芯海缆，27km世界最长220kV三芯海缆等世界纪录，让"常熟智造"走向世界。

李自为爱才、惜才，他常说："用人之长，人人是才；求全责备，无人可用；工作没有贵贱之分，人人平等，即使是个保洁，他只要在岗位上认真付出，他打扫得比其他人干净细致，就说明他是这个岗位的人才。”他心胸开阔，善于发现员工的长处，让员工最大程度发挥自身优势；对员工不擅长的，积极协调擅长该项事务的人员来帮助员工成长，让员工始终保持自信，促进员工进步成长。生产海缆不是简单的技术问题、设备问题，而是在整个生产制造过程中要使得人、机、物、环等有机配合，任何一个环节都不能出问题，是一项系统工程。正因为李自为爱才、惜才，公平对待每一名员工，整个团队精气神非常足，充满干劲，大家都愿意跟着李总打拼。

在亨通高压海缆取得骄人成绩的同时，李自为并没有放缓带领亨通高压海缆前行的步伐。他思考如何从原先的产品制造向工程服务转型，通过落实产业化一代、研发一代、储备一代并且做强做大产业链的措施来提升企业的抗风险能力，后续以亨通高压海缆为平台筹备了亨通海洋、亨通海工、亨通海装、亨通蓝德、三原附件等系列产业链公司，完成海洋板块布局，为企业今后发展奠定基础。

他是企业负责人，更是企业的党支部书记。他始终坚守着心中那份不变的信仰，他认为党建与经营是“一企两翼”的关系，党建跟企业的关系就如同水和混凝土，党建就是生产力。亨通高压海缆党支部努力打造“一把手”工程，坚持党建与生产经营“双轮驱动”，全面落实“一把手”党建责任；将制度建设贯穿于党建工作的始终，开设网上学校，创新党员教育O2O（Online To Offline）体验，建立智能化党建交互式管理体系，对党建工作进行集团化考核、精准化管理；打造“头雁团队”，带出了一支政治素质过硬的优秀人才团队；将党建融入生产经营、人才培养、企业文化、和谐共建、社会责任五个方面，以党建为统筹，扛起时代责任，共建幸福共同体、廉洁共同体。

亨通高压海缆的迅速发展和壮大，是李自为和全体员工不断突破、奋进、创新的结果。亨通高压海缆不仅赢得了客户、竞争对手的认可与尊重，同时也确定了新的起点。相信未来的亨通高压海缆必将成为行业内的“明珠”，也必将为当地的经济发展做出更大的贡献。

做细分行业“领军人”

——记苏州中来光伏新材股份有限公司董事长林建伟

◎戴晓怡

2008年在沙家浜镇起家，用不到十年的时间成了背板行业的龙头企业，打破了国外产品的垄断；在涂覆型背板领域一直处于市场领先地位，深度参与领跑者电站建设，并得到领跑者电站全面认可；2018年，开创性地发布了匹配双面组件的全系列透明（网格）背板产品，为双面组件提供最优的封装材料……苏州中来光伏新材股份有限公司在一位温岭企业家的带领下一跃成为国内龙头企业，这位温岭企业家就是中国光伏行业领军人物林建伟。

“和而不同，专注创新。”这八个字出自林建伟《中来十年有感》序言，也是这名实干家从创业初期到如今打破国外企业市场垄断，使企业发展成为中国光伏龙头企业一直坚持的理念。专注，是成功者不可或缺的要素。林建伟起初做的是建材生意，公司主营云石胶产品，和背板同样是高分子材料。云石胶属于建材行业里石材行业的细分领域，但林建伟却把它做专做强。在中来成立前，他已经将自己的建材公司做到了国内领先的位置，那是1997年。

摸到了行业“天花板”，依靠积累的研究资源和经验，2008年，在太阳能光伏领域，林建伟选择重新建立自己的事业起点。这一年，光伏产业狂飙突进，林建伟选择在这个时间点进入光伏产业，却并没有选择国家重点扶持的硅晶制造、太阳能电池领域，抑或是直接享受补贴的光伏电站，而是瞄准太阳能光伏辅材行业中的又一细分领域——光伏背板。“我的目标就是做我所在行业的领军企业，可能这个行业很小，可能它是主流行业的‘配角’，但这里我是‘主角’，就够了。”带着这份专注和创新的热情，林建伟开始一步步探索。他发现当时行业里的背板多数由美国杜邦、法国阿科玛这些大的化学公司、材料公司制造，这些大公司几乎垄断了国内市场，产品价格也非常高。

要在短时间内进行技术攻关，落地生产，考验的是企业的研发和资金能力。林建伟前期投入400万元，开始专注于背板技术的研究，仅仅两年时间便成功实现了产品研发。随后，林建伟继续追加投资。2010年，中来背板产品开始生产。2014年，凭借这个单一的产品，公司获得9400万元的利润，同时被深圳A股批准上市，成为第一家以背板为主要业务的上市公司。时至今日，中来的资产已达60亿元。

尽管光伏辅材行业的成长相对缓慢，但林建伟还是坚持去做了，一做就是十余年。2011年以来，受前期产能扩张过快、部分国家光伏发电补贴政策调整等影响，全球光伏市场爆发严重质量危机。在这个大背景下，2018年初，中来开创性地推出了令行业瞩目的透明背板新品。相较于传统背板产品，全新推出的透明背板产品具有高透光率、高可靠性、高呼吸性、高增益等诸多优势。“光伏背板的质保时间是25年，这种品质要求限定了材料的使用。我知道在当前技术条件下选用含氟背膜作为生产材料是最佳的选择，哪怕会让产品价格高一些。”林建伟说。正是凭借这种坚定，中来在行业质量危机中突出重围，2017年达到背板行业市场占有率第一、全球市场占有率25%，到2018年底累计出货4亿平方米，终端客户零投诉。不到十年时间发展成为一个行业的龙头企业，林建伟又一次打破了国外产品的垄断。“这条路熟了，所以比之前跑得更快了。”他说。

中来的募投项目是光伏背板生产线，但是对一家上市公司来说，光伏背板远远不够，未来肯定要到更大的市场里去抢蛋糕。早在上市前，林建伟就开始做长远规划，具有前瞻性地把重心放在光伏行业的核心环节——太阳能光伏电池上，并试图将主营业务的一极放在N型单晶电池上。2013年，中来就与荷兰能源研究中心开始进行新型背板与电池技术研发合作。2016

年至2018年，中来在泰州投资建设全球最大的2.1GW高效N型单晶双面电池生产基地，介入光伏产业链核心部件环节，于2016年用短短130天时间完成了当年洽谈、当年设计、当年投产的目标，产品也得到了行业认可。中来与国家电投共建全球最大的N型单晶双面组件渔光互补项目，与招商新能源共建全球首座熊猫发电站，与黄河水电建立长期合作伙伴关系，与比利时微电子研究中心合作共同研发下一代高效电池技术等，与上海电气携手打造迪拜320MW的N型双面项目，引领了双面系统的行业浪潮，成为光伏平价上网的重要推动者。

从无到有创造财富的林建伟十分看重企业的信用。“我的企业从来都是满产后根据订单量增加工人，这样做会失去一些订单或者市场份额，但是公司从未出现大规模裁员或是解聘现象，因为我认为那是企业家失信的表现。”他说，做企业家最害怕的事情不是没有好产品、好市场，而是发不出工资，是被迫裁员，而他的企业从没有出现过这种情况。从辅材到核心产品，中来在光伏行业一步步地证明了自己。近年来，中来以太阳能背膜为切入点，深耕绿色能源行业，经过十年的发展，形成了中来新材、中来光电、中来民生、中来新能四大业务板块。四大业务板块聚焦新能源行业的先进材料、先进技术、创新集成、多产联动，顺应行业大趋势，逐步形成了互动互补、共生共享的大平台，年营收超30亿元，成立至今累计利税超5亿元，带动了几千人就业，为沙家浜的可持续发展做出了重要贡献。林建伟表示，中来将进一步提升研发能力，生产出更具竞争力的产品，立足国内、走向国际，不断深耕新能源技术与市场，努力构建面向未来的产业生态链，积极为国家富强、民族复兴、生态优美、人民幸福而不懈奋斗。

梦圆“红杉树”

——记江苏红杉树服饰有限公司总经理刘卫军

◎刘文忠

如果说1997年海虞镇东泾村的江苏红杉树服饰有限公司成立时仅是一株服装行业的“小树苗”，名不见经传，那么，在公司总经理刘卫军20多年来的精心培育下，这株“小树苗”有了神奇的成长。红杉树先后成功承接2008年北京奥运会25万件志愿者服装的设计制作任务，国庆60周年“七彩旗”方阵近8万套服装的制作任务，并连续承办中美乒乓外交35周年和40周年的纪念活动。2015年，第53届世界乒乓球锦标赛于4月26日至5月3日在苏州隆重举行，红杉树牌公务休闲装在强手林立的竞争队伍中脱颖而出，一举成为大赛裁判员服装官方唯一指定赞助商……红杉树如今已蜚声海内外，成为中国服装业中名副其实的后起之秀，成就了公司总经理刘卫军心中多年来的“红杉树之梦”。

择业路上他绕了个圈

“人只有经历挫折才能成长，才能成熟。”这是江苏红杉树服饰有限公司总经理刘卫军介绍自己择业、创业路时的第一句话。1966年，刘卫军出生于海虞镇东泾村的一户农民家庭。他的父母都是传统观念很强的人，觉得一个人要有“手本份”（手艺），一辈子才有保障。初中毕业后，刘卫军的兄长刘雪忠拜师学了裁缝，而刘卫军则当起了木匠。当时木匠没有机器加工设备，从开料到家具装配全靠一双手，十分累人。不过在学艺过程中，年长的老师傅很快看出了他是个聪明的苗子，没多久，就把制作家具的划线权（相当于现在公司CEO的职权）交给他，这才稳稳收住了他那颗不安分的心。后来刘卫军还跟着师傅一起挑着家具去市场上卖，结果他做的小桌子竟然比师傅做的先卖掉，这着实让他激动了好一阵子。

后来，一个偶然的机会就改变了他的人生轨迹。一次，刘卫军去了上海，看到马路上汽车来来往往。虽然当时他的家乡还没有一条像样的大马路，但开了眼界的他马上就意识到这是社会发展的大方向，当汽车司机的想法自然就冒了出来。他把这个想法告诉他的父母时，没想到，家人都不支持他，说汽车驾驶员是“血布衫”，因为当时经常听说各种各样的汽车交通事故，他们觉得开车很危险。然而，在刘卫军的再三坚持下，最终父母答应了，于是刘卫军就开始了他的驾驶员生涯。机缘巧合，学习驾驶归来不久，刘卫军就被镇政府看中，调到了当时镇里的多种经营管理办公室开小轿车。这份工作十分稳定，刘卫军自己也曾思量着自己的未来——“看来可能就开开车过一辈子了”。

当小轿车驾驶员的工作内容很丰富，经常要跟着镇领导到各个企业里去指导工作。刘卫军是个好学的人，除了做好驾驶员，每到一家乡镇企业，他都会主动跟着领导去了解企业的产品生产工艺和经营情况。海虞镇是服装之乡，涉及服装行业的企业比较多。没多久，镇上的毛纺、印染、沙洗等企业，他都了解得清清楚楚。回想当时的经历，刘卫军十分感激，正是那些学习经历，为他以后进入服装产业打下了坚实的基础。

“人生的变化不可捉摸，一时的逆境，过了一段时间回过头来看，却恰恰是决定一个人走向成功的关键点。”这是刘卫军对人生逆境的独到看法。开小轿车不到一年，车队里忽然有了变化。当时多种经营管理办公室新进了一名驾驶员，刘卫军不久就被调离了原来的工作岗位，开始驾驶货车了。在这个岗位上，刘卫军坦然面对。他既是司机，又是货物装卸员，虽然很累，但他觉得蛮充实。他看到了个体运输市场的广阔空间，有了放下事业单位铁饭碗的决心。

告别多种经营管理办公室工作后不久，刘卫军就买了一辆二手车，干起了个体运输。然而，独自创业并没有想象中那么顺利。不久，他就把车卖了。刘卫军的职业生涯好像绕了个圈，神奇地回归原点，他又拿起斧头干起了老本行——木匠。

与“红杉树”结下不解之缘

在家做木匠没多久，他的父亲刘云良倒是最先看不下去了，就对他说，你看看你兄长做服装生意干得不错，你又会开汽车，要么你就去跟他学学吧。

“隔行如隔山”，这是常人对跨行择业的看法，但对刘卫军来说，跨入服装行业却是如鱼得水。当时他的兄长刘雪忠在古里镇创办的服装企业正风生水起。刘卫军凭借以前工作时打下的坚实基础，很快就顺利地揽下了企业中除了服装生产以外所有的业务。那时，他整日快乐地奔波于企业与常熟招商场之间。有时生产上需要特殊的面辅料，刘卫军还经常出差远赴广东等地进行采购。在商场上摸爬滚打，刘卫军好像很有天赋，样样在行。不久，在做好兄长刘雪忠企业生产经营服务工作的同时，刘卫军利用自己开辟的人脉和掌握的市场行情，开始经营起了属于自己的面料生意。由于他为人诚恳又讲信用，而且还能很好地捕捉到服装面料时尚流行趋势，在较短的时间里，他就成功地在服装商海中淘到了人生的第一桶金。

完成了原始积累，志存高远的刘卫军觉得家乡海虞是服装之乡，有着得天独厚的优势，完全可以有一番大作为。面对多地招商部门向他伸出的橄榄枝，1997年，刘卫军毅然选择回家乡创业。刚起步时很顺利，有兄长刘雪忠的大力支持，两人一起合作建厂房、办企业。但后来由于兄弟俩在企业经营思路和发展方向上发生严重分歧，兄长刘雪忠撤出，刘卫军陷入前所未有的困境。

刚刚建立起来的企业如婴儿一般，一没商标，二没市场，仅存刚刚建起来的空壳厂房和少量生产工人。刘卫军并没有被眼前的困难吓倒，而且咬紧牙关，冷静应对。他把企业面临的难题按轻重缓急进行排序，并逐个破解。经多方考察，刘卫军最终出资5万元从一位浙江商人手中购下已注册并沉睡10多年的“红杉树”商标，正是从那时起，刘卫军与红杉树结下不解之缘，开始了圆梦之路。

回想当初做出的购买商标这个决定，刘卫军笑着说：“‘红杉树’商标是我一眼就看中的，当时根本不知道红杉树是中美友谊之树，也不了解红杉树背后有这么多有趣的故事，只想着既然选择了红杉树，就一定要好好地经营这个品牌。”

以创新驱动企业发展

创新是灵魂，这是刘卫军发展企业的核心理念。正是在这个理念的引领下，公司从小到大，一步一个脚印，在商海中收获了一颗又一颗“明珠”。

一个新办服装企业，在服装之乡江苏常熟这个群雄纷争的环境中如何闯出一条新路？光有企业核心理念是远远不够的。刘卫军独辟蹊径，通过周密的调研，了解到全国政府和事业单位的几千万工作人员对衣着有专门的要求，在非重要公务场合和日常生活中，他们都希望能穿上既随意又不失庄重的休闲服。为此，红杉树开始致力于开发庄重与随意完美结合的公务/商务休闲男装系列，全力打造中国公务/商务休闲男装一流品牌。

创业之初，公司没有一流服装设计师，刘卫军就广发“英雄帖”，千方百计觅人才，聘专家当顾问，致力于服装新品开发设计。伴随着一大批精致、时尚的红杉树服装产品投放市场，公司的知名度果然一炮打响，一下就受到市场的欢迎，红杉树公务/商务休闲装成功享誉全国。2005年3月，红杉树服装成功登上中国时装周的舞台，并代表中国向世界发布公务/商务休闲男装流行趋势。以后几乎每年这个月份，刘卫军都在北京中国国际时装周上进行公务/商务休闲装流行趋势发布，每一次的新品发布均受到世界和全国重点、专业媒体的广泛好评。

也就在2005年，勤奋好学的刘卫军还幸运地成为中国著名服装技师、公务装首席设计专家田阿桐的关门弟子，并成功聘请田阿桐为红杉树的高级技术顾问，使中国公务装的工艺精髓在公务休闲男装领域得以传承。田阿桐是江苏常熟人，从事服装设计、制作60多年，是服装行业的泰斗级人物。他曾经为毛泽东、周恩来、邓小平等几代党和国家领导人，美国前总统布什等外国元首缝制服装，同时他还是北京红都服装公司的“红帮名师”。2008年3月29日，在这位名师的牵线下，“红都·红杉树”战略合作在北京启动，红都品牌深厚的文化内涵和红杉树品牌广阔的市场覆盖面成为撮合双方完美合作的重要基础。业内人士认为，此举将充分发挥南北两强各自的品牌、设计、市场等资源优势，从而引导中国公务休闲服装的发展潮流。当年，红杉树成功完成了25万件北京奥运会志愿者服装的设计制作任务。2009年，红杉树承接制作了国庆60周年大庆活动“七彩旗”方阵近8万套的服装，为祖国奉献出了红杉树的光和热，为庆典活动锦上添花。从2010年起，红杉树还参与全国两会制装任务。最引人注目的是，红杉树还连续承办了中美乒乓外交35周年和40周年的纪念活动，在中美两国间成功地传递友谊。近年来，刘卫军多次收到中国国际贸易促进委员会的邀请，先后跟随国家领导人访问美国，参加国际会议等。这是一般民营企业家难以获得的荣耀。

经过多年持续稳步发展，如今江苏红杉树服饰有限公司在全国的销售网点已超过500家，遍及北京、上海等全国各大中城市，设立有50多家办事处。“红杉树”品牌先后获得了中国驰名商标、国家免检产品、江苏省著名商标、江苏名牌产品等荣誉。刘卫军个人荣获常熟市十大杰出青年、江苏省青春创业风云人物、全国纺织工业劳动模范等众多称号。

致富不忘回报社会

刘卫军能成为一名优秀党员、优秀党支部书记，一个成功的企业家，绝非偶然。这与刘卫军父亲严格的家庭教育分不开。父亲培养了他良好的道德素质和强烈的正义感。早在1992年，他就曾因在火车上和同乡姚大一起抓住诈骗犯而获得政府部门颁发的见义勇为证书，深受人们的赞誉。

伴随着企业的快速发展，刘卫军参加公益事业活动也更加频繁。他关心弱势群体，经常资助贫困儿童上学，每逢重阳等重要节日，还及时给镇敬老院和村里的老人送去节日慰问品。2008年，刘卫军积极参与“众志成城，抗震救灾”活动，及时向四川灾区捐赠物资。2012年，公司员工邵某确诊患了肺癌。刘卫军获悉后立即伸出援手，帮助联系上海的医院和医生，并带头捐款，在生活、经济和心理等方面给予邵某最大的帮助，让邵某感受到公司及员工们对他的关心，激起了努力同病魔做斗争的斗志。当了解到由于历史和现实的一些原因，当地一些具有较高历史价值和文物价值的名贵树木濒临枯亡，亟待有效保护，刘卫军就通过有关部门，由公司出资“领养”了一部分濒临枯亡的名贵树木，让这些无言的历史见证者找到了一个赖以生存的归宿。2014年6月，刘卫军联合海虞镇政府、东泾村委会创办了“红杉树书场”，有效地丰富了附近村民的文娱生活，深受当地广大群众的欢迎。目前，刘卫军正与海虞镇城乡一体化示范小区海福新城社区联系，希望能在海福新城这个新小区内开设第二家“红杉树书场”，让新搬入小区的居民也能一饱耳福，边听评弹边喝茶……

“致富不忘乡亲，真情回报社会。”刘卫军和他的公司的种种善举，令人敬佩。祝愿刘卫军的“红杉树”越长越大，在实现自我价值的同时，惠及更多的百姓。

“出水不凡”的创业先锋

——记常熟市长虹阳澄湖大闸蟹有限公司董事长刘长虹

◎黄建军

在阳澄湖地区，长虹蟹业可谓家喻户晓，名闻遐迩。这是刘长虹历经十多年风雨，砥砺前行，精心培育的大闸蟹品牌，取意“友谊长久，事业走红”。这个品牌不仅融入了刘长虹的名字，更是倾注了他创新创业的心血，见证了他干事兴业的历程。如今，常熟市长虹阳澄湖大闸蟹有限公司已成为一个实力雄厚、信誉良好，具有较大规模的经营服务公司。公司被评为阳澄湖大闸蟹原产地域保护产品专营单位，产品品牌则被评为知名水产品十佳放心品牌、苏州市阳澄湖大闸蟹行业协会重点推荐品牌。2006年，公司在常熟市水产行业中，首先通过国家有机产品认证。2007年，公司产品被认定为苏州名牌产品，公司被省渔业局认定为江苏省无公害淡水蟹类产地。2008年，公司通过ISO9001：2008质量管理体系认证。2010年，公司荣获江苏省著名商标、江苏名牌产品称号。2011年，公司被评为常熟市农业产业化龙头企业。此外，“长虹”阳澄湖大闸蟹被中国绿色食品发展中心认定为绿色食品A级产品。

立志创业　阳澄湖畔显身手

1988年，18岁的高中毕业生刘长虹走出学校、踏上社会，面临着他人生的第一个重要选择。他的出生地华阳村，河道纵横，水天一色，是典型的江南水网地区。凭着渔家子弟的悟性、吃苦耐劳的精神，刘长虹认真思考人生价值和职业理想的关系。他开始跑市场做调研，了解行情，听取消费者意见。他敏感地认识到，阳澄湖大闸蟹青壳白肚、金爪黄毛，自古有盛名，享誉海内外，有着潜力巨大的消费需求和前景广阔的发展空间。他确定通过自己的辛勤劳动和不懈努力，做一个有觉悟、有知识、有本事的新时代蟹农，也能实现发家致富的人生目标。为此，他从学习养蟹技术、熟悉销售流程开始，边实践、边摸索，走上了水产养殖自主创业的道路。2002年，他注册成立了常熟市长虹阳澄湖大闸蟹有限公司。

科技引领　优质高效树品牌

在创业发展的道路上，刘长虹认识到“诚为本、信为上、业为基”，要在激烈的市场竞争中胜出，必须充分整合资源，主动运用先进的水产技术，科学养蟹，优质管理。他带头学习，主动参加业务培训，虚心请教养蟹大户，上门拜访水产专家。尤其是在扩大养殖规模之后，如何预防蟹病，确保阳澄湖大闸蟹的品质不变、质量不差、口感更好，更成了他关心的重点。他深谙人才对企业发展的支撑作用，千方百计引进人才，热情相待，以事业和感情留人。他把公司的技术人员当成宝贝，十分珍惜，百般爱护，为他们创造科研条件，鼓励创新试验，摸索养蟹优质高效的规律，使得公司的生产水准和销售模式科学合理，提档升级，受到了广大消费者的欢迎。目前，公司拥有养殖水面1960亩，专业技术人员16人。

强化管理　绿色发展上台阶

在激烈的市场竞争中，优质、快捷、周到的服务是刘长虹一贯的追求。从大闸蟹的生产到销售，公司逐步形成了一条龙全产业链的流畅运转和全程覆盖，尤其是在销售环节，做到了供货及时、个体鲜活。随着业务规模的扩大和电子商务的兴起，刘长虹确立了立足常熟、面向国内外更大市场的发展目标。为此，他在公司内部推行科学管理，对外开展电商合作，“卡到蟹到”，成功开启鲜活水产送货到家的运作模式。

随着新发展理念的深入贯彻，阳澄湖水质保护摆上了日程。刘长虹站高望远，看到了“绿水青山就是金山银山”。他说：“我们不能为了经济效益破坏生态环境。”于是，公司于2010年成立了农业产业化管理办公室，实施阳澄湖大闸蟹原产地域保护，提升阳澄湖大闸蟹品牌优势，维护生产农户和消费者的合法权益，同时加强湖蟹产业化组织，严格管理公司和养殖户的组织关系，严格执行有关生态保护的规定，真正起到了农业产业化龙头企业的领军带头作用，为地方经济建设做出应有的贡献。

在发展动能转换时期，刘长虹看到了跨界融合、新经济分享的功能，也牢记抱团发展、共同致富的社会责任。2014年6月，刘长虹斥资2200万元创办常熟市长虹厨娘食品配送有限公司；2014年9月，他投资130万元，组织沙家浜周边地区98户水产养殖专业户成立常熟市东升长虹水产专业合作社和常熟市泓润农产品专业合作联社，并任社长，带动乡亲们共同致富。

在企业壮大的同时，刘长虹致富不忘众乡亲，给沙家浜镇华阳村110位80周岁以上老人每人送上一条价值200元的梦兰被；走访、慰问了唐市社区5位特困户，捐赠慰问金和物资3万多元。他的参与热情和履职能力得到了各方认可。他2008年当选沙家浜餐饮商会会长，2010年当选沙家浜镇人大代表，2011年任常熟市青年企业家协会常务理事，2012年任苏州市阳澄湖大闸蟹行业协会副会长。“出水不凡”的创业先锋，创造了人生不平凡的业绩。

工匠精神助力企业发展

——记江苏万宝桥梁构件有限公司董事长、总经理兼研发中心主任陆骏

◎严婷

有这样一个人，从事桥梁支座与伸缩装置产品研究开发18年，参加过近30个科研项目的研究开发工作，并取得多项科研成果和国家专利；迄今为止已带头开发20多个型号的桥梁支座与伸缩装置产品，还有30余款产品进入量产阶段。这个人，就是江苏万宝桥梁构件有限公司董事长、总经理兼研发中心主任陆骏。

以市场为导向　以效益为中心

目前，江苏万宝桥梁构件有限公司年生产铁路、公路桥梁各类钢盆支座12万套，橡胶支座60万套，伸缩缝12万延米，已成为华东地区规模最大的生产桥梁支座、伸缩缝的企业。国内著名的苏通长江公路大桥、泰州长江大桥、鄂东长江大桥、杏林大桥、江东大桥、广州北环、西安绕城、苏州绕城、沪通铁路、蓟港铁路、京沪高铁、沪宁城际铁路、京石铁路客运专线、吉图珲客运专线、石武铁路客运专线、喀和铁路、吐库二线铁路、包满铁路、沈丹铁路、通灌铁路、贵广铁路、贵开铁路、宝兰铁路、贵广（南广）铁路、津保铁路等重要铁路线路均采用了万宝公司的产品。2015年，万宝公司在通洋高速公路第九阶段劳动竞赛中被评为优胜单位。

同时，万宝公司的铁路桥梁支座与伸缩装置产品连续9年占据全国高铁细分市场较高的市场份额。在激烈的市场竞争中，公司依靠强劲的自制配套能力和过硬的质量，以及多样的品种和完备的规模，确立了竞争优势，成为全国19家生产铁路桥梁支座产品的企业之一。

重视企业管理　推行名牌战略

陆骏以工匠精神助力企业做大做强，企业管理日渐规范化。在他的带领下，万宝公司已建成了江苏省（万宝）桥梁减隔震工程研究中心、江苏省企业技术中心、江苏省博士后创新基地和江苏省研究生工作站等创新科研平台。公司产品获得了全国工业产品生产许可证、铁路产品认证证书、交通产品认证证书等权威认证，通过了ISO9001：2008质量管理体系认证。公司执行ISO14001：2004环境管理体系和OHSAS18001–2007职业健康安全管理体系的要求，使产品生产过程得到有效的质量监控。

近两年，企业技术创新累计投入超3000万元；与同济大学等科研院所共同研发的“桥梁易修复拉索减震支座关键技术及应用”项目获教育部技术发明二等奖。公司连续12年被评为AAA级信用企业、重合同守信用企业，多次被认定为江苏省民营科技企业、江苏省高新技术企业、江苏省科技型中小企业、苏州市百佳民营企业。自2002年起，公司产品每年都被评为江苏省质量信得过产品、中国交通企业名牌产品；“WB”图形商标被评为江苏省著名商标。

万宝公司自2012年起至今，已参与4份行业标准和2份江苏省地方标准的制修订，其中2份行业标准及2份江苏省地方标准已颁布实施：CJ/T 374–2011《城镇桥梁球型钢支座》、JT/T 822–2011《公路桥梁铅芯隔震橡胶支座》、DB32/T 2172–2012《公路桥梁橡胶支座病害评定技术标准》、DB32/T 2173–2012《公路桥梁橡胶支座更换技术规程》。陆骏为公司主要起草人、参与者。

勇于科技创新　注重节能环保

从2015年起，陆骏先后主持7项江苏省高新技术产品的研发和产业化，共申请国家专利41项，累计授权个人国家发明专利2项，授权实用新型专利20

项，成果丰富，业绩卓著，是公司桥梁工程橡胶制品方面有突出贡献的专业人才。从事桥梁工程橡胶制品的研究开发工作以来，陆骏先后参与或完成了"万宝系列桥梁伸缩缝""CQ型多功能起重气袋""桥梁大位移模数型伸缩缝""铁路桥梁球型支座""桥梁易修复拉索减震支座关键技术及应用"等重点创新项目，将新技术应用到现实生产与工作中去。

2015年，在陆骏的建议下，公司投入200多万元用于将燃油锅炉改造成天然气锅炉，利用工艺反应所释放出的热能将水转化为蒸汽，有效解决了工厂自身蒸汽的使用，每年可节省相当于6500吨标准煤的能量，同时可减少相当于13000吨二氧化碳的排放量，这是万宝公司打造节能环保型绿色工厂的又一创新。2016年，公司新增环保投入100多万元，对油漆流水线进行改造，安装了碳吸附、过滤吸附及油漆废水处理等装置，有效地改善了公司的环境，保护了员工的身体健康。另一方面，公司每年都会与工会签订集体劳动合同和工资专项合同，每年对工作中接触有毒有害物质的员工进行岗前、岗中、离厂的健康体检，关心员工的身体健康，充分保障员工的各项权益。

关爱员工群众　热心公益事业

关爱员工、热心公益，是陆骏在企业管理中始终坚持的原则。他先后安排城镇下岗工人、大中专毕业生50多人在企业中就业，资助10多名因家庭困难而失学的学生完成学业。2015年冬天，他对常兴村70岁以上老人进行冬日慰问，发放棉被500多条；练塘中心小学校庆，他出资3万元购买校车，义不容辞奉献爱心。2016年，他赞助15万元，冠名"万宝桥梁杯2016尚湖百姓戏曲大舞台"，丰富群众的文艺生活。2017年，他向慈善基金会捐赠15万元，用于帮扶困难群众。

陆骏始终坚信，员工是企业发展的动力和创造财富的基础，因此，关系到员工切身利益的事情，企业要尽心竭力给予关注、关心、关爱和扶助。他对公司每一名员工都很体贴关怀。员工因病住院，他总要自己前去或安排专人前去探望；员工生日，他会安排送上生日礼金和寿面。每年重阳节，公司都会给退休员工发放慰问金，举行茶话活动。员工家庭生活困难，公司每年都会给予适当的补助。前两年，公司一名员工患急性病毒性脑炎，被送到苏州的医院抢救。得知情况后，陆骏立即赶赴苏州探望。该名员工在家休息期间，陆骏又前去探望并送上慰问金。同时，为了使员工适应企业不断发展、技术含量提高的要求，陆骏带领全公司着力打造学习型企业，为员工提供接受培训的机会、施展才华的平台，举办“工匠培训班”，分期分批组织员工学习技能、安全、消防、法制等各类知识。

坚持自我学习　提高自身素质

陆骏深知，具备优良的政治、业务素质和政策水平，是新时代企业管理的必然要求。因此，他十分重视知识的更新，不断通过加强学习来弥补自身的薄弱环节。在思想素质方面，陆骏从提高自身政策理论水平入手，加强对党章的深入学习。特别是在“两学一做”教育活动中，他按照中央和各级党委的要求，认真学习必读篇目，做好学习笔记，撰写心得体会文章、分析材料，制定整改措施。

在工作中，陆骏敬业爱岗、无私奉献，勇于创新求突破；在生活中，他身先士卒，勤俭节约，要求全体万宝员工做到的，自己都先做到，以实际行动塑造了民营企业家的良好形象。一直以来，陆骏就是这样一丝不苟、兢兢业业地对待工作，积累了较为丰富的工作经验，具备了较强的业务水平，使自己成为他人的榜样。

深耕技术一线赢精彩

——记苏州福斯特光伏材料有限公司总经理毛根兴

◎严婷

凡事都脚踏实地地去做，不驰于空想，不骛于虚事，唯以求真的态度做踏实的工夫。这是苏州福斯特光伏材料有限公司总经理毛根兴工作的真实写照。

2008年，受杭州福斯特光伏材料股份有限公司的委托，毛根兴满怀创业激情和抱负，远离自己的家乡浙江江山，来到了常熟。刚来常熟那会儿，公司仅有刚刚拍买下来的50亩土地和两幢孤立的工业用房，空旷的厂区内杂草丛生，甚至连厂区大门都没有。就在这样的条件下，毛根兴带领只有3个人的小团队，踏上了建厂创业的艰辛旅途。

苏州福斯特光伏材料有限公司筹建当年就遇上了全球金融危机。由于国内生产的光伏组件产品都需销往国外，在全球金融危机的影响下，国内发展迅猛的组件行业瞬间停滞。在行业发展形势并不明朗，许多投资企业开始退缩的情况下，杭州总公司对苏州分公司的投资产生了动摇。但毛根兴对筹建工作充满了信心，他一方面说服总公司继续按原计划进行项目建设，另一方面全程参与从买材料、搞装修、建设公用工程、安装生产线到招聘公司人员的各个环节事项。经过短短几个月的时间，企业便具备了年生产1000万平方米太阳能电池封装胶膜（EVA）产品的能力，实现了当年建厂、当年投产的目标。

正是由于毛根兴正确的决策，为公司快速发展指明了路径。2010年，光伏行业摆脱了经济危机的影响，公司产品很快出现了供不应求的情况。毛根兴迅速抓住市场机遇，扩建项目，提高市场占有率。当年，全公司加班加点，仅用三个月的时间便完成了项目建设，成功实现EVA胶膜产能翻番。于是，公司确定了“2011年利用原有厂房再扩建一倍产能”“2012年新建厂房继续让产能再翻一番”的目标计划。自此，毛根兴再次全身心投入到项目建设中去，从生产设备的布局安装、原有厂房的车间改造装修到新厂房的设计建设等，他都身先士卒，对各个重要环节都要进行设计或者确认，并进行现场督导。白天他经常会与工人一起在车间进行现场建设工作，晚上总要忙到深夜才下班休息。正是由于毛根兴真抓实干的精神，各项建设任务均圆满完成，为公司的快速发展奠定了基石。

毛根兴生活作风俭朴，工作作风优良，从外表看，他并不像是企业的老总，而更像是车间里的技术工人。随着公司的不断发展壮大，他更是一心一意扑在事业上，平时基本没有休息日，一年仅回家乡与亲人团聚一两次。2011年10月，由于公司产品供不应求，亟需扩大生产规模，毛根兴带领团队夜以继日扩建生产线。当时，与他感情深厚的岳父已躺在医院重症监护室一个多月，但他都没顾得上去看一次，甚至连岳父的最后一面都没有见到。

毛根兴经常在工作中提出技术革新和技术改造措施，并集思广益，带头进行技术攻关，利用自己的专业技能知识，多次解决技术难题，自主创新多项新工艺、新技术，为公司创造了巨大的经济和管理效益。他自主设计废气氧化燃烧处理及热能回用装置，不仅解决了产品生产过程中涂布废气的处理问题，而且实现了废气燃烧产生的热量返回生产线再利用，大大减少了生产加热所需的天然气能源，取得了很好的节能减排效果，同时已向国家知识产权局申报了发明专利。该项专利技术每年不仅可以减少废气排放约10吨，还可为社会节约600吨标准煤。类似的技术创新案例不胜枚举。他主持研发的“压延法生产EVA太阳能电池胶膜”等多个项目被列为国家科技型中小企业技术创新项目和国家火炬计划项目，并已成功申报10多项发明专利。他主持研发的“高性能EVA太阳能电池胶膜”等多个产品被评为国家重点新产品、江苏名牌产品和江苏省高新技术产品。他领衔开发的“光伏组件封装用EVA太阳能电池胶膜”项目还获得了2013年度苏州市科学技术进步奖二等奖。在他的带领下，企业也先后被评为省级高新技术企业和国家火炬计划重点高新技术企业。

在平时的生活与工作中，作为公司总经理的毛根兴坚持以人为本，以团结稳定为第一责任，以员工利益为第一利益，以员工是否满意为第一标准，真心实意地为员工解决实际困难。每年，他都会根据员工的岗位职责、工作表现、贡献大小，为员工上调工资，并按照国家有关规定为员工缴纳社保和住房公积金，逢法定节假日给每名员工发放节日福利，定期组织旅游等公司活动。这些举措极大地提高了员工的工作积极性，也让企业员工有了“家”的归属感。真诚的付出得到的是丰厚的回报。近几年来，福斯特公司的招聘工作总是十分顺利，员工的稳定性也很高，为企业持续发展提供了不竭的动力。

作为一名普通的职业经理人，毛根兴没有什么惊天动地的事迹，但他持之以恒、坚持不懈的精神，使得他所做的每一件事虽然平凡又普通，却处处折射出先进性。也正是因为有了千千万万像毛根兴这样优秀的劳动者，国家才能持续发展，奔腾不息。

夙志丹心只为回报

——记江苏梦兰集团董事长、总裁钱月宝

◎严婷

带有常熟本地口音的普通话，说起话来不急不缓，态度谦逊随和，脸上常挂着笑容；再多一点接触，你会感受到她待人接物的热情和朴实。她就是江苏梦兰集团董事长、总裁钱月宝。她已年过七旬，本该颐养天年，但她还冲在第一线，每天将自己的日程安排得满满的。

编织梦想　只为回报

穷人的孩子懂事早。从8岁开始，钱月宝就跟着母亲学习绣花边，心灵手巧的她，很快就上手了。那时候，她的愿望很简单，就是要贴补家用。但在15岁那年，她对在父亲病重期间向自己家施以援手的党组织和乡亲有了不一样的感情。她立志要报答这一份恩情，至于怎么报答，当时她并没有一个明确的答案。而当23岁被村党支部和村委会推荐为村办绣花厂厂长时，她那如蝴蝶般在空中扑闪了许久的梦想有了落脚点。钱月宝心想，既然党组织和群众信任我，我就要敢于担当，干出一番事业来。她的梦想第一次清晰起来，那就是带领大家一起致富，让村民过上和城里人一样的好日子。

从20世纪70年代到80年代初，钱月宝和她的姐妹们上千次来回于苏州与常熟之间，行程十万余里，风雨无阻，保证产品质量和按时交货始终是她最看

重的。从乘坐机帆船到肩挑手提五六十斤重的大包到镇上，再挤公共汽车到常熟汽车站，坐长途汽车到苏州，把代加工完成的绣品交到苏州绣品厂，最后领上同样分量的加工品回村里。如此这般，她们每隔五六天便往返一次。

绣花厂虽然加工的产品质量好、任务不断，却获利微薄，80多人的厂子一年忙下来，也就3000多元利润。1982年，村里要新办纸箱厂，村领导提出关掉绣花厂，把厂房让给纸箱厂。闻此消息，钱月宝急坏了，办纸箱厂她不反对，可要关掉绣花厂，她无论如何也不能同意。她的第一反应是，如果立时把厂关掉，那不就等于这十年来的心血白花了，姐妹们含辛茹苦的汗水白流了，村民们盼望致富的心愿彻底落空了！

“这个小厂虽然利润微薄，但是已经与苏州绣品厂签订了一年的合同，肯定不能在这个时候关厂。”钱月宝再三恳求村领导，“而且这个小厂是我一手创办起来的，办了这么长时间，和工厂里朝夕相处的姐妹们都结下了深厚感情。另外，绣花厂经过多年的磨炼，已经是苏州绣品厂150个外发加工点中唯一的免检单位，为今后的发展打下了坚实的质量基础，我正在考虑开发自己的产品，等有了自己的市场，今后一定会有很好的发展前景的。”就这样，经过钱月宝的反复陈述，据理力争，绣花厂终于被保留了下来，但前提是要让出6间厂房中的4间给纸箱厂，而且要将加工费的35%交给村里作为管理费，农忙时节绣花厂必须服从村里安排，全体人员参加劳动。

1983年，钱月宝带着姐妹们在经历了多年的绣花加工微利挣扎后，决定尝试着由加工转向自销。为了提高企业效益，1989年前后，钱月宝带领工厂开始从替国营厂加工逐渐过渡到自产自销。

1990年，一个充满诗意的商标——梦兰，终于在常熟市藕渠镇一个叫老浜的临水小村诞生了。正如那句广告语——“梦兰，好梦开始的地方”，凭着苦干和实干，企业逐步壮大。1994年，江苏梦兰集团挂牌成立。2000年，梦兰集团获得家纺行业第一个中国驰名商标后，老浜村也有了一个新名字——梦兰村。

今天的梦兰村已经是富裕和谐、生态宜居的“中国十佳小康村”“全国美丽宜居村庄”“江苏最美乡村”。村里的公共设施建设一点也不逊色于城市，村委会旁边四合院式的健康活动中心面积有近千平方米，棋牌室、图书室、健身房一应俱全。闲来无事的村民可以去那里喝茶、看电视、健身、上网、听书、听健康讲座。全村190多户人家，家家住上了别墅。谈到自己所在的梦兰村，村民的幸福感和自豪感溢于言表："现在梦兰村民的生活条件比城里人还要好，我们再也不羡慕城里人了，反过来，城里人还羡慕我们呢！"

1991年，钱月宝当上村支书后，在村里建立了敬老金制度，村里每位老年农民每年可享受4000至5000元的养老金和福利待遇。国家推行社会保险后，村里为全体村民办理了农村养老保险和农村新型合作医疗保险。2009年，村里又将"农保"转换为"城保"。从2010年开始，钱月宝开始为村里60岁以上的老人购买"惠民爱心工程"老年群体专用保险。2017年，她又让全体村民都享受到了办理"和谐家园"组合保险和"福地惠民"大病保险的福利。

在梦兰村村民心里，钱月宝是他们的好女儿、好家长。针对90周岁以上的老人设立的"敬老孝星奖"和考上本科的大学生享受的"人才培育奖"，就是由钱月宝个人出资设立的。村里20多户因病致贫的家庭，也是钱月宝长期结对、定期走访的对象。她还是失学儿童的"梦兰妈妈"，以拳拳母爱圆了全国2000多名失学儿童、困难学生的上学梦。

钱月宝把满足简单生活之外的财富都当成一种社会财富，投到最需要的地方去。30多年间，她和她的企业累计在支持新农村建设、抗震救灾、扶危济困、爱心助学等社会公益慈善活动中捐款捐物达2.25亿元，其中她个人捐款捐物达2230万元。对她来说，如果财富能够让社会共同分享，能够去帮助更多的弱势群体摆脱困境，帮助更多的人改变命运，财富才更有价值。

从借款2万元起家，如今梦兰的注册资本已达4.88亿元，集体股份也水涨船高。梦兰村村民人均年收入4.38万元，劳动力就业率和社会保险参保率均达到100%，过上了"人人有活干、户户是股东、年年有分红"的幸福生活。梦兰村完成了"由农村向城市、由农民向市民、由农业向工业"的转变，实现了村民"失地不失业、失地不失家、失地不失保障、失地不失富裕"的目标。

进入21世纪后，梦兰集团系列床上用品产销两旺，效益连年翻番，胸怀大梦想、大担当的钱月宝提出了"超前谋划不等待，自加压力不落后，继承创新不守旧”的集团发展方向。她不遗余力地开发新品，不仅引进保健概念和国际时尚，而且注重企业创新能力建设，率先在同行中建成国家级企业技术中心、国家级博士后科研工作站、院士科研工作站等科研平台，促使企业产品迅速提档升级。2000年，梦兰集团启动并实施国际化经营发展战略，与美国、加拿大、日本等国的著名跨国公司开展深度合作，让梦兰与更多中国名牌产品走向国际市场。

钱月宝认为，传统型企业要发展，不仅要敢于跳出原来的路子，超越自我、勇于创新，还要服从于国家的发展战略，肩负起产业报国、产业强国的责任。历经40多年的发展，梦兰集团在全国家纺行业创出了第一个中国驰名商标、第一批中国名牌产品，连续十多年进入中国纺织行业销售与出口双“百强”、中国制造业500强行列，也是全国家用纺织品标准化技术委员会床上用品分技术委员会秘书处承担单位。2017年6月，经世界品牌实验室权威评估，“梦兰”品牌价值达258.69亿元，蝉联家纺行业榜首。

或许50年前，钱月宝压根儿没敢想过，有一天自己头上会有这么多光环——连续四届的全国人大代表、全国道德模范、全国劳动模范、中国十大女杰、中国大陆十大慈善家、中华慈善奖获得者……也没有想到自己会有能力报效祖国。但是现在，她已经有了做更大的梦、圆更大的梦的自信。梦兰，真正的“好梦”才刚刚开始。

从科学家到企业家的华丽转身

——记阿特斯阳光电力集团董事长、总裁兼首席执行官瞿晓铧

◎严婷

“新能源是世界的未来！”阿特斯阳光电力集团董事长、总裁兼首席执行官瞿晓铧在2019年1月获得2018中国经济年度人物新锐奖时说。

瞿晓铧毕业于清华大学物理系并获学士学位，后赴加拿大留学并先后获得物理学硕士学位和材料学博士学位；其后，他成功实现了从一名科学家到企业家的转型，创办全球光伏行业领军企业——阿特斯阳光电力集团，并担任集团董事长、总裁及首席执行官至今。

23年的光伏、新能源历程，瞿晓铧走过了全球四十多个国家。2001年，作为通过创业方式归国服务的海外高层次人才，瞿晓铧创办了阿特斯阳光电力集团。2006年，常熟阿特斯阳光电力科技有限公司成立，公司主要进行太阳能电池组件的研发、生产和销售，是整个阿特斯集团的组件研发生产基地。同年，公司成功登上纳斯达克，成为江苏省第一个在美国上市的公司。目前，阿特斯已经在全球7个国家和地区，建设、运营着15家工厂。

瞿晓铧看过了光伏企业的潮起潮落、楼起楼塌，也看到了光伏行业从零起步，成为全球电力年新增装机容量第一的行业，超越了火电、核电、水电和风电。阿特斯阳光电力集团成立18年来，瞿晓铧带领集团通过多元化发展战略和市场布局，已在包括中国、加拿大、巴西、越南、印尼、泰国在内的全球多

个国家和地区，成立了16家配备世界一流设备的光伏硅片、电池和组件生产企业；并在20多个国家和地区建立了分支机构。将先进的科研技术和管理经验与领先的成本控制方法和迅速交付方法相结合，阿特斯得以为全球各地的客户和电站项目提供高质量的产品和服务。

目前，阿特斯已累计为全球150多个国家的1200余家客户提供了33GW的太阳能光伏发电产品，占全球累计光伏装机总量的7.8%。2017年，阿特斯组件出货量6.83GW，占全球年度光伏装机总量的7%，出口占比超73%，达5GW。2017年，阿特斯销售额33.9亿美元，出口创汇26.9亿美元，连续第七年荣登《财富》中国500强榜单，连续多年获评中国对外贸易500强企业。在全球知名调研公司IHS Markit对全球太阳能行业客户发起的年度满意度调研中，阿特斯被客户评为“质量最好”“性价比最高”和“最受客户欢迎”的光伏组件供应商。

作为光伏发电企业中在“一带一路”沿线国家和地区投资布局的中坚力量，瞿晓铧也通过自己的力量加大了对“一带一路”国家的耕耘。至今，阿特斯在“一带一路”沿线的泰国、越南、巴西、印尼共有4个生产制造基地，雇佣当地员工和管理人员超过2300人，为沿线60多个国家和地区的客户提供光伏组件和发电系统产品，销售额累计超过26亿美元，光伏制造和太阳能发电项目投资超13亿美元。在境外投资和经营过程中，瞿晓铧还重视发挥国际化经营和专业能力优势，带领集团致力于当地的经济和社会发展，并取得良好成效，与各国人民共享新能源发展成果。

阿特斯不仅是全球领先的太阳能光伏组件制造商和太阳能整体解决方案提供商，还在世界各地拥有丰富的公共事业规模太阳能光伏电站项目储备。作为全球实力雄厚的晶硅太阳能电站开发商，阿特斯自2009年起，在全球范围内积极布局太阳能光伏电站业务。2015年，阿特斯以16.56亿元人民币收购了夏普旗下太阳能业务子公司Recurrent Energy，跃升为全球第二大太阳能光伏电站项目开发、建设运营商和整体解决方案提供商。依托遍布全球的庞大营销与运营服务网络，以及在全球各重点市场建立起来的高度专业化的电站项目整体解决方案服务团队，以及200多家高品质项目承包合作商，阿特斯为客户提供专业的光伏项目开发、评估、系统设计、融资、法律法规、电站EPC（工程总承包）、运维和资产运营等各项服务，覆盖电站全生命周期。目前，阿特斯电站开发足迹遍布全球20多个国家，全球电站项目储备近10GW，后期公共事业规模光伏电站项目储备达2.2GW，已建成电站总量超过4GW。

作为一名科学型企业家，瞿晓铧不忘初心，在技术创新领域带领集团稳步前行。2018年是瞿晓铧带领阿特斯步入技术大提升的一年：集团第四代高效多晶电池产能超过4GW，单晶PERC（钝化发射极及背局域接触电池）量产效率超过22%。新产品方面，阿特斯推出了让大家耳目一新的高效组件，如双面酷（BiKu）组件、海蒂曼（HiDM）叠瓦组件，另外还有霹雳波（HiKu）多晶四代组件，这是行业首个功率超过400W的多晶产品。这些新产品瓦数高、效率高，LCOE（平准化度电成本）低，进一步提高了阿特斯的产品优势。公司太阳能电池组件研发中心先后被认定为省级工程技术研究中心、江苏省重点企业研发机构及江苏省优秀研究生工作站，公司光伏测试中心是国内首家通过CNAS（中国合格评定国家认可委员会）认证的光伏实验室。公司现有授权专利337项，其中发明专利29项；主导制定已发布团体标准1项，参与制定已发布国际标准3项、国家标准1项、团体标准4项；拥有江苏省高新技术产品20项，全部实现产业化。

由于贡献突出，瞿晓铧曾先后获得风云华商人物杰出贡献奖、江苏省十佳创业新侨、江苏省青春创业风云人物、江苏省劳动模范、江苏省五一劳动荣誉奖章、江苏省有突出贡献中青年专家等诸多荣誉。

积跬步致千里的创业者

——记苏州众捷汽车零部件股份有限公司总经理孙文伟

◎张雨嘉

话不多，脚步匆匆但有条不紊，身着统一的公司工作服。眼前这位其貌不扬的青年，就是苏州众捷汽车零部件股份有限公司的总经理孙文伟。孙文伟是一名新上海人，如今往返于上海和常熟之间。习惯奔波忙碌的他，早已将自己的生活和公司的发展紧密联系在了一起。

苏州众捷汽车零部件股份有限公司是一家专注于汽车热交换系统零部件领域的高新技术企业，主要从事法兰、联结立管、支架等汽车热交换系统零部件的研发、生产和销售。在孙文伟的带领与管理下，公司深耕汽车热交换系统零部件生产制造领域，早已不再是一家蜗居在练塘老式厂房内濒临倒闭的小厂，而是一家拥有全球前十汽车热交换模块集成供应商这样的客户且客户采购比例大多超过50%的知名公司。短短5年取得这样的成绩，孙文伟深知一切都是一步一个脚印走出来的，实体经济的发展从来没有捷径可走。

从1997年开始，孙文伟就一头扎进了上海的汽车市场行业，辗转于多个外资企业，学习摸索生产技术和管理经验，创业的想法也在他心里一点一点地酝酿。经过10多年的摸爬滚打，孙文伟摸索出一套汽车行业的发展经验。2008年，世界金融危机爆发，孙文伟就职的德资企业贝洱亚太也面临着关乎生死存亡的订单危机。此时的孙文伟正是负责这批订单的项目经理，为了解决这一难题，他找到了苏州众捷的前身——当时还是一个名不见经传的汽车零部件生产加工小厂。他看准了这个小厂的发展潜力，决定与之合作。或许是冥冥之中的缘分，孙文伟和这家小厂的合作使得这批订单任务最终高效率完成，帮助贝洱亚太顺利渡过了此次难关。在合作中，孙文伟也意识到自己的梦想或许可以在这里生根发芽。经过4年的沉淀积累，2012年，孙文伟带着梦想与责任加入了苏州众捷。他的加入使得苏州众捷的年销售额实现了2000多万元的快速增长。

回忆起苏州众捷的诞生和成长，孙文伟意识到，如果没有2008年的那次合作，也就没有今天的苏州众捷。可以说，那个帮助贝洱亚太渡过难关的项目也帮助苏州众捷找到了发展的支柱。自从那次合作后，孙文伟和苏州众捷的合作也逐渐频繁起来，他在苏州众捷发展的过程中也逐渐注入了自己的力量。2010年，苏州众捷在上海正式成立。当时孙文伟还不是苏州众捷的一员，他知道上海的厂房已经满足不了生产要求，于是建议苏州众捷在常熟尚湖镇练塘村的一个老厂房里落了户。孙文伟回忆，当时的厂房面积只有4000平方米，80多名员工中只有三四名管理人员，生产出的产品种类单一且存在许多质量问题，客户也只有一家。苏州众捷成立之初，就在这样艰难的环境中跌跌撞撞向前。到了2012年，苏州众捷已经到了生死存亡的关头，而孙文伟的加入给这家公司带来了生存的曙光。孙文伟深知，要挽救这样一家现金流只有50万元，几乎没有管理，也没有生产标准的公司，可谓困难重重，需要承担起重负和重压。但是，人生若是没有任何挑战，也就没什么意义了，何况10多年的汽车行业经验的积累也给了孙文伟足够的自信迈出这一步。刚加入苏州众捷的孙文伟承担起了公司几乎所有的管理和运营工作，加班到深夜是常有的事情。奔波于一线，孙文伟一边了解全公司的生产情况，一边发现问题并寻找突破口。一年后升任总经理时，他已对公司的整体情况有了全面的了解。他发现苏州众捷此时陷入发展停滞不前的状态的最主要原因是缺管理框架和缺人才，于是他将外企的管理经验引进苏州众捷并不断磨合，接着制定出一套完整详尽的生产标准，然后外出招贤纳才。功夫不负有心人，在每天加班加点的忙碌中，公司的资金问题得以解决，管理架构也搭建起来了，人才和设备都增加了50%，产品的质量问题也大为改善，并不断有客户来公司签订新项目。8年过去了，苏州众捷的年销售额持续增长，从一开始的800万元，到2000万元，到4300万元，到6000多万元，再到8000多万元，接着是1.3亿元、1.6亿元，直到2018年的2.7亿元。孙文伟的脑子里已深深印刻下这些数字，因为这是他带领的苏州众捷团队辛勤打拼奋斗的成果，这背后的辛酸和不易，也只有他才明白。

“苏州众捷的这些老员工都是我带出来的，6年来始终坚持，再苦再累也没有放弃。”孙文伟说着，眼睛闪着光亮。他认为，苏州众捷能有今天的发展，离不开整个团队强大的凝聚力，遇到困难时，加班到再晚也没有一个人主动提退出。2013年，苏州众捷真正意义上的第一个年会在厂房旁边的小饭店举行。大家围坐在一起，吃着几道家常菜，看着电视，讲着笑话。此后的几年里，举办年会的饭店一年比一年档次高，2018年的年会在天铭国际大酒店举办。孙文伟说，以后苏州众捷的年会年年都在天铭国际大酒店举办，这是给所有员工的承诺和鼓励。

2016年，苏州众捷搬进了新厂房，而一旁的空地上，一幢更大规模的厂房正拔地而起，这是苏州众捷扩大规模的最新厂房。在这里，苏州众捷将生产出更多种类、更高质量的汽车热交换器。6年来，苏州众捷生产出的热交换器可用于全球8000万辆汽车上，这个数字相当于中国三四年的汽车生产量。经过近十年的发展，苏州众捷已经积累起丰富、专业的热交换系统零部件研发设计、生产制造经验。此外，公司产品型号齐全，目前已拥有近800种型号。同时，公司在新产品导入时涉及的刀具、机夹具、工装开发，工艺流程设计，柔性化生产管理方面，均具有明显的技术和制造领先优势。苏州众捷目前的热交换系统主要产品法兰、联结立管、支架已经对全球主要汽车产业集群和主流品牌车型实现基本覆盖，包括欧洲车系、美洲车系、日韩车系以及国产自主品牌，能够有效满足汽车热交换系统零部件一站式采购需求，能够为客户提供多型号、小批量的全方位服务。公司产品质量稳定、生产工艺先进、交付周期短，能够有效降低客户检验、技术沟通和交付等待时间等采购成本。2020年，苏州众捷还将在墨西哥设立厂房；未来3年，苏州众捷还将把市场拓展到东欧。

在废纸堆里成长起来的筑梦者

——记苏州玖隆再生科技股份有限公司董事长唐国明

◎张雨嘉

在常熟尚湖镇，有一家名叫“玖隆再生”，致力于发展再生资源和循环经济的科技企业。它是江苏地区规模领先的再生PET（聚酯）瓶片生产基地，规划产能年生产再生PET瓶片50万吨。在公司董事长唐国明的带领下，十多年来，公司不断通过科技创新和优化管理，逐渐打造依靠“互联网+”回收、工业自动化深加工体系制成新材料的全新模式，同时倡导全社会重视环保，努力创建一流的资源再生企业。

毕业之初，做电器销售的唐国明并未想到自己会走上创办再生资源企业的发展道路。工作缘故，唐国明认识了一些造纸企业的负责人，多次与他们交流后，他发现，回收废纸这一行有较大的市场潜力。那时候，回收废纸的都是一些小商贩，常熟还没有较大规模的废纸回收打包企业，因此，他说服两个大学同学一起“钻进了废纸堆”中。

起初，缺乏资金的唐国明在尚湖镇练塘村租了一间300多平方米的小厂房，雇了几个工人，将回收来的废纸打包成一个个正方形的废纸包，卖给造纸厂。由于这一行在国内属于新兴行业，可借鉴的例子非常少，唐国明和他的合作伙伴只能一边学习一边摸索，在不断尝试和失败中寻找经营之道。经历了第一年的大亏本之后，唐国明并未气馁，他意识到，回收废纸是一项环保事业，是对社会有好处的，既然如此，那就一定是国家今后关注的方向。适逢理文纸业和玖龙纸业都在常熟开设了工厂，这些造纸厂的废纸需求量非常大，唐国明便想到通过合作来谋求发展。和这些大规模的造纸厂合作之后，唐国明明确了工厂的生产标准，同时他借鉴了国外废纸回收再生产的一些成功案例，不断促进企业生产的规模化和标准化。随着大批订单的接踵而至，唐国明工厂废纸包的产量也高速增长，从一个月生产几百吨，到一个月生产几万吨。2005年，中国经济赶上大发展，苏州玖隆再生科技股份有限公司便在这样的好形势下诞生了。

当时，不仅常熟，甚至整个长三角地区，做废纸回收的企业都寥寥无几。迅速发展扩张的玖隆再生将废纸回收网点的触角延伸到了江苏省的每一个地级市，甚至遍及安徽、上海，远达青岛、北京。2006年开始，玖隆再生每过半年便会开设一个废纸回收网点，没过多久便是两三个月增开一个，到后来一个月增开一个，这样的扩张速度一直持续到2011年。截至目前，玖隆再生始终保持着30个废纸回收网点的规模，每个月能回收3万多吨废纸。

回收废纸再生产只是简单的生产加工，而唐国明想更进一步，将企业的生产模式从简单的加工逐步变成深加工。因此，他将目光放到了废塑（废旧塑料）上。加工废塑可以延长产业链，产品的附加值也提高，能够推动企业更好发展。于是，从2011年开始，唐国明便将主要精力转移到了废塑上。经过3年左右的摸索，玖隆再生的废塑加工产业开始从1条流水线变成3条，到如今常熟总公司工厂满负荷生产。2014年，唐国明在盱眙开办新工厂，准备开始复制总公司的生产模式，计划最终在盱眙工厂形成10条流水线，实现年产量10万吨的PET生产。截至目前，盱眙工厂已经形成7条流水线。唐国明十分注重产业延伸研发及项目的开发和实施规划。公司目前已进入废塑HDPE（高密度聚乙烯）原料的细加工、深加工、造粒，PET片材、薄膜的高值化生产、加工量产投入阶段，并已实现了对高校研发项目的转化、引导和服务，使整个产业链更具创新性，实现社会效益、经济效益双赢。2015年，苏州玖隆再生科技股份有限公司成功挂牌“新三板”。发展至今，公司已属于专业回收OCC（废旧箱板纸）废纸与PET废塑瓶包的科技企业，旗下已拥有注册于江苏盱眙经济开发区的江苏力赛柯环保材料科技有限公司，苏州玖隆再生科技股份有限公司（常熟工厂），配套公司常熟百纳再生资源有限公司。这些分布在华东、华中地区的回收网络体系，保障了公司全年南、北两大产业基地再生PET瓶片的顺利生产。

唐国明认为，自己所做的事情可以促进社会进行垃圾分类，倡导公民保护环境。玖隆再生回收可再生的废纸、废塑，便会促进一些产生废纸、废塑的大型企业在日常进行垃圾分类时自觉将废纸、废塑分类出来，和玖隆再生这样的企业进行交易，既获得了收益，无形之中又保护了环境。目前，玖隆再生已与星巴克、可口可乐、保洁和联合利华等知名企业合作，回收它们的废纸、废塑。

“更多、更好、更优的发展机会，是给予有思想、有抱负、有准备的仁人志士的。”这是唐国明常常对员工说的话。这指引着公司长期立足主业、专注主业，发展和延伸主业的循环、低碳再生产业链，并且通过不断的技术创新和技术改进，充实和完善技术内核，提升专业品质，扩大服务范畴，打造从“互联网+”到加盟连锁的回收网络体系，塑造智慧型企业，并以不断增长的优异业绩助力产业发展，成为再生产业的领跑者。

近年来，苏州玖隆再生科技股份有限公司围绕“促进发展、守护环境、耕耘资源、绿色生态”的经营理念，相继成为东南大学、扬州大学的产学研签约单位，常熟理工学院的实践教育基地。公司先后申请并通过江苏省高新技术企业、江苏省民营科技企业、江苏省科技型中小企业认定。2012至2016年间，公司获得了23项实施循环经济、节能减排方面的国家级实用新型专利。公司建立并有效地实行了Q/GTE苏州玖隆再生科技股份有限公司的企业标准，执行ISO9001质量保证体系、ISO14001环境管理体系、OHSMS18001职业健康安全管理体系的要求并领先于同行水平。

卅载坚守创造产业传奇

——记江苏中利集团股份有限公司董事长王柏兴

◎张雨嘉

30年前，王柏兴以5000元资金起家，在唐市镇市新村租了五间原蘑菇房，到上海南洋电缆厂买了两台旧设备，成立了包括他本人在内只有9人的作坊式小工厂，专业生产普通民用电线。30年后，由王柏兴创办并掌舵的中利集团，不断拓展商业版图，已发展成为国家级重点高新技术企业集团。集团拥有11家国家高新技术企业，是国内A股上市公司，入选中国民营企业500强，被评为江苏省民营企业纳税大户。2016年，集团产值超200亿元，国内纳税超10亿元。

在这30年间，王柏兴始终怀着一份对实体经济的坚守和创新，坚守实业，埋头深耕电子和光伏产业，创造了一个个产业传奇。中利每年的重大技术改造投入项目，都是他利用周末和节假日带领科研人员搞研发、设计新产品、制定创新方案，研发调试新产品、攻克技术难关。公司每年销售收入的4%以上用于研发，至今已创建了11家国家高新技术子公司，拥有国家级实验室、国家级新能源电力检测中心，2个院士工作站、3个博士后工作站和6个省级工程实验中心。公司研发的包括特种电线电缆系列，光纤光缆、光棒系列，新能源光伏产业链系列，高分子新材料系列，军工电子、钛金属3D打印、高端制造等产业领域系列在内的产品，水平均处于全国领先地位。公司众多技术产品全球领先，填补了国内外空白210多项，获国际、国内专利2000多项，承担起草了国家和行业标准30多项，被评为中国民营企业自主创新五十强企业。

坚守实业，并不意味着一成不变。王柏兴积极响应国家“一带一路”倡议，不断加大海外投资力度，抢抓海外发展机遇，拓展公司业务市场。2013年以来，中利集团在泰国投资建设了800MW光伏电池和800MW光伏组件生产基地，填补了泰国光伏制造空白。泰国总理亲临投产仪式。中利集团在新加坡、印尼分别投建了电缆和光缆制造工厂，在德国、瑞士、意大利、英国、美国、阿根廷、日本、泰国等70多个国家和地区投资开发的光伏发电站项目超过了1GW。其中，在阿根廷首期建设300MW大型光伏电站，未来三年将建设累计1GW光伏电站项目（二、三期）。同时，中利集团积极在日本、墨西哥等国家和地区推广光伏农场项目。王柏兴希望全球光伏同行在产业发展中共同推广农业光伏，让全球贫困农民共享科技创新成果，让中国光伏产业走向更广阔的市场。

作为一名上市集团公司的老总，王柏兴一直认为，他有今天的成就，除了因为自己的努力，还因为党的好政策。党和政府的支持为民营企业的发展指引了方向，民营企业家也应努力回报社会。秉持着这一初心，王柏兴一边发展企业，一边助力公益事业，每年对贫困地区、受灾地区捐款、捐物等超过1000万元，为扶贫救灾做出了积极的贡献。

王柏兴认为，输血扶贫只能解决一时的问题，造血扶贫才是根本之策。近五年来，他把集团部分产业投向甘肃、青海、新疆、内蒙古、宁夏等地区，投资50多亿元，分别建设了电缆、光缆、光伏、新材料等6家工厂，直接为西部地区提供了3500多个就业岗位，同时带动了地方配套产业、服务业等产业的发展，推动了1万多贫困人口脱贫，帮助贫困地区共享科技创新成果。

农民出身、过惯了苦日子的王柏兴，对农村有着特殊的感情。把企业的发展和农村产业发展、农民生活改善紧密结合起来，走出一条“回报社会、产业扶贫”的新路，实现强企和富民的双赢，这是王柏兴的最大心愿。2010年，中利集团投资50多亿元成立了苏州腾晖光伏技术有限公司，王柏兴兼任腾晖光伏总裁。在腾晖光伏产业创新发展的基础上，紧跟国家对农业和精准扶贫的重视，他设计创新了三代农业光伏，既推动了光伏产业的创新发展，又实现了精准扶贫。

2015年，王柏兴创新推出“智能光伏+科技农业”项目，使光伏支架桩距跨度达到10米，组件高度达到4米以上，突破了光伏组件单板安装、倾斜度等方面的创新技术，实现了光伏设施下面大型机械化种植水稻、麦子等农业技术的发展，填补了全球行业空白，获得了20多项发明专利，让农民实现了“土地租金+高效农业+提供就业”叠加收益的脱贫致富。该项目被评为2016年中国三农十大创新榜样之一。三年多来，公司共建设了370MW农业光伏示范基地，实现了平均每亩4000多元的特色农业收益，每年为光伏农场增加特色农业收益5000多万元，帮助了20多个贫困村1.3万多户贫困家庭脱贫。在国务院扶贫办、国家能源局和相关部委的引导下，腾晖光伏于2016年11月在安徽灵璧县开工建设全国第一个“产业包县脱贫”项目——“贫困村光伏农场”，得到了各级政府的高度肯定，该项目也受到央视等30多家主流媒体大力推广。

在这个基础上，王柏兴又以集团名义筹集了50多亿元，2018年为全国43个贫困县垫资建设了光伏农场，助力脱贫人口达到25万多。该项目已形成完整运营模式，被国务院扶贫办等相关部委采纳为国家标准，王柏兴也因此成为中国能源产业扶贫卓越贡献人物奖项获得者。目前，中利集团已与全国100多个贫困县签订了包县脱贫协议，开工建设了40多个光伏扶贫农场，其中，与青海省扶贫开发投资有限责任公司签订了全省41个贫困县“包县脱贫”协议。

作为“贫困村光伏农场”脱贫模式的创造者，王柏兴已经制定了详细的规划，计划在三年内，为200个贫困县、2万个以上贫困村建设“贫困村光伏农场”，累计可实现脱贫人口60多万。王柏兴在三年多的光伏扶贫实践中发现，中西部地区大部分农民房不具备在房顶上安装光伏电站的条件，但是农民宅院的场地都很大，且大部分农民在院子里种植农作物。王柏兴又创新推出了利用农民宅院地搭建“家庭阳光农场”的模式，并为农民户主担保20年运维和银行贷款还本、付息风险，让农民零风险加入。公司目前已在山东、陕西、河北、山西等地区，为1.2万户贫困家庭安装了“家庭阳光农场”，计划三年内安装（脱贫）5万户贫困家庭。此举又得到了贫困地区各级政府和贫困农民的高度肯定与赞扬。

王柏兴还担任集团党委书记，他高度重视党建工作，充分发挥非公企业党组织政治核心和政治引领作用，深入开展“两学一做”学习教育活动，学习贯彻党的十九大精神，凝聚集团党员和职工合力，带领集团走出了一条党建工作与企业发展同步推进的新路子。集团先后被评为江苏省非公企业党建带工建“四统筹一创争”活动示范企业、苏州市非公企业党建工作示范点、常熟市非公企业党组织“双支持、双争创”先进单位，集团党委则先后获得了苏州市非公企业先锋党组织、苏州市先锋基层党组织、常熟市首批示范型党组织、常熟市党建工作先进集体等多项荣誉。

王柏兴全力支持基层工会开展活动，逐步完善基层娱乐活动硬件设施等，让职工共享企业发展成果，确保企业职工收入每年增长10%—15%。公司工会在全市率先开展“企业向职工承诺、职工向企业承诺”双向承诺活动，建立劳企共进、利益共享机制，使工会组织真正成为党委靠得住、行政离不开、职工信得过的“职工之家”，也使公司先后获得江苏省模范职工之家、苏州市劳动关系和谐企业、苏州市工人先锋号、常熟市双爱双评先进集体等荣誉。

关于中利集团的未来发展方向，王柏兴的目标是，让“中国制造”成为“中国创造”。未来三年，王柏兴将进一步加大中利集团的技术创新力度，加快集团做强做大，继续秉承“诚信、敬业、团结、创新”的中利精神，带领全体中利人不断创新发展。他将努力把中利集团打造成为高端制造领域、军工技术领域、智能制造和新能源产业领域、“一带一路”倡议和扶贫事业的标杆企业、国际领先的科技型企业，同时搭乘“一带一路”倡议的东风，进一步加大海外布局，推进农业光伏产业走向全世界，让全球贫困农民共享科技创新成果。

投身于电力产业转型发展

——记江苏常熟发电有限公司总经理奚林根

◎张雨嘉

奚林根是江苏常熟发电有限公司的总经理，多年来，他以提高公司经营业绩、提升管理水平、履行社会责任为已任，积极开拓进取，为常熟发电公司的安全、稳定、可持续发展做出了重要贡献。

专注改革重实效

1989年毕业之后，奚林根全身心投入到常熟发电厂的建设中去。一期4台300MW机组于1994年全部建成投产发电，他也于1995年被江苏省电力局授予电力基建功臣个人荣誉称号。

2009年，为响应国家"上大压小、节能减排"政策的号召，缓解地区电力紧张状况，奚林根又积极投身于2台1000MW机组的筹建工作中。在他的主导下，2台1000MW机组顺利于2013年实现一年内双投产，为长三角地区电力能源供应和经济社会发展做出贡献。

在完成2台百万瓦机组的建设投产后，他又致力于环境保护，积极推进光伏、燃机等清洁能源项目。截至2017年底，常熟发电公司累计发电2086亿千瓦·时，实现利税超150亿元，多次被授予江苏省纳税大户荣誉称号。奚林根积极响应国家环保政策号召，投入11亿元资金进行全面环保改造，对全公司6台机组进行了综合升级，全部6台机组实现超净排放。改造后的机组排放量远低于国家对燃煤机组的排放要求，为改善区域大气质量做出贡献。截至2017年底，三年内公司共减排$SO_2$1414.62吨、NO_x1292.48吨、烟尘454.60吨。

常熟发电公司地处经济发达的苏南地区，周边工业企业众多，能源需求量大。他审时度势，转变观念，依托良好的区位优势，转身投入机组的供热市场，与地方政府联合推进区域集中供热，以常熟发电公司为热源点，建立起了完备的供热体系，努力将常熟发电公司打造成一流的区域综合能源服务基地。供热管网辐射五镇一区416.28平方公里，区域内关停4家热电厂及150多台燃煤小锅炉；管线总长200多公里，总供热用户达360多家，日供汽量稳定在7000吨左右，为区域提供了高质量稳定的汽源。

把握全局抓业绩

2018年，在以奚林根为首的常熟发电公司经营班子的带领下，常熟发电公司努力克服煤价持续上涨、市场电量不断增加、环保政策日益严格等因素，紧紧围绕年度目标任务，落实安环责任，强化经营管理，锐意转型发展，勇于突破提升，各项工作任务推进较好。

公司以“三基”建设为抓手，全面加强内外部安全生产管理，夯实安全生产基础；建立双重预防机制，全面提升安全管理水平；深入开展隐患排查，及时消除安全隐患；持续推动外包单位“等同化”管理，着力构建承包商全过程安全管理机制；有效引用和全面推广HSE（健康、安全、环境）管理工具，促进管理提升。2018年，公司高质量完成3号、4号、5号机组C修和1号机组A修，圆满完成“迎峰度夏”“迎峰度冬”等重点保电任务；按计划推进1000MW机组汽动引风机改造、化学补水扩容改造和全厂废污水综合治理等技术改造项目；策划完成全厂机组深度调峰试验，满足深度调峰要求；推动点检作业标准化建设，促进工作绩效提高。公司全年实现6台次机组连续百日安全运转，2台次机组连续两百日安全运转。此外，公司强化与厂矿企业合作，与大矿厂共签订年度长协合同648万吨，占年耗用的85%以上；根据市场情况和发电用煤需求，及时采购市场煤和进口煤，降低采购成本超千万元；细化掺配方案，不断加大经济煤种掺烧力度，全年累计掺烧经济煤种约302.37吨，掺烧率达42.38%，节约燃料成本5274.07万元。公司也加强与政府部门、国家电网江苏省电力有限公司、电力客户沟通，全力争取电量指标，全年获发电量指标159.96亿千瓦·时，30万机组和100万机组发电利用小时均超全省同类平均水平。公司积极推动内部替代电实施，尽量争取发电效益最大化；售电公司积极筹划与10kV电力用户的洽谈、合作，全年新增用户数百家。

取得这些成绩，与公司不断提升管控效率密不可分。为了提升管控效率，公司加强物资计划管理，执行需求计划申报与出入库管理，全力压降库存；规范采购管理，引入竞争机制，进一步控制采购成本；严格执行招投标监督及内控合规要求，规范招标程序；完善内部控制体系，推进内控合规体系建设，顺利通过“三标一体”体系评审；落实各类检查发现问题的整改，防控生产经营风险；做好各类工作督办，开展执行力效能监察，确保各项工作有效推进；优化人力资源配置，实施公司机构、中层管理人员调整，提高机构运转效率和企业凝聚力；试点开展“挑战者计划”，拓展青年人才培养渠道，加速青年人才成长。

围绕转型求发展

在以奚林根同志为首的公司领导班子带领下，常熟发电公司将继续提升经营质量，推进转型发展，不断提升核心竞争力，致力于打造世界一流综合能源企业。

在强化售电品牌建设方面，公司加强与省内电力系统的“集团作战”竞争，维持省内电力市场化秩序；同时，做好大用户服务，与4家售电公司、7家一类用户实现成交68亿千瓦·时，有力支撑公司发电量指标；并优化存量、争取增量，实现成交有效益的替代电量7.43亿千瓦·时，积极推动公司30万和100万机组内部替代实施。在拓展供热供水业务方面，公司加强基础设施建设，按计划推进支线建设，分步开展老管网改造，顺利开工建设开发区集中供热管网四期工程；做好供热保障，瞬时供热量、全天供热总量双创新高，日累计供热量达9215吨；开拓供水市场，温排水项目顺利通过验收、对外供水，全年实现供水125.34万吨；充分利用与热用户的合作关系，协助配售电公司拓展市场，打造水电热联供的综合能源服务基地。

2018年，公司高质量建成光伏电站。福山光伏三期10MW集中式光伏项目于6月5日实现提前25天并网发电，75MW光伏项目完成全容量投产，全年实现提前两个半月完成年度奋斗目标。到2018年12月24日，光伏电站年度发电量首超1亿千瓦·时。此外，公司的燃机热电联产工程项目被核准，并于2017年12月10日顺利取得施工许可证。

一岗双责促党建

履行一岗双责。奚林根同志作为公司总经理，能履行好一岗双责，层层传递好从严治党的要求；加强企业内部管控、监察工作，关注廉洁点、风险点；对违反工作纪律的党员严肃处理。此外，他注重员工呼声，采用参与班组活动、现场巡视、进车间等方式加强与员工面对面交流，开展调查研究，关注员工提案等建议的落实，着力解决员工关心的热点、难点问题。

他坚持民主集中，严格执行“三重一大”集体决策制度，以集体的智慧处理重大问题，以科学的决策推进重大工作；注重分工合作，注重班子团结。常熟发电公司班子成员都能做到分工协作、团结一致，班子整体氛围昂扬向上，共同在为推动常熟发电突破提升、实现转型的发展目标而努力。同时，奚林根坚决落实从严治党。他总是保持头脑清醒，充分认识到全面从严治党是对我们党优良传统的继承和弘扬，在新的历史条件下，只有坚持党要管党、从严治党，才能切实经受各种复杂考验，确保党始终成为坚强的领导核心。他在落实中央八项规定、在正风反腐过程中，不做旁观者，除了严格要求自己，还发挥“头雁作用”，带头执行好各级要求，督促修订完善相关制度，督促相关问题的整改落实。

作为公司一把手，奚林根十分注重领导班子的廉政建设，强调全公司党员干部必须保持先进性、纯洁性，并以身作则，起好表率作用。在他的影响下，全公司形成了公正廉明的良好氛围，近年来未发生员工违法违纪、党员干部腐败等现象。他重视企业发展，不忘初心、牢记使命，勇于担当、履职尽责，持续为常熟市的更好发展贡献力量。

勇当服装行业的弄潮儿

——记苏州太子港服饰有限公司董事长项向军

◎张雨嘉

在常熟服装城，有一位服装行业的领军人物，他用20年的时间搭建了一个展示自己服装的大舞台。他就是苏州太子港服饰有限公司董事长项向军。

与服装结缘，要从20多年前的一个夜晚说起。1997年的一天，项向军考完初中结业考试，就决定离开家乡去创业。拿上父母支持的9000元资金，项向军买了一张单程票，一路向北来到了常熟。初来乍到，人生地不熟，一切都充满了新鲜感和挑战。当时，16岁的项向军看到了常熟服装行业的前景，便一头扎了进去，像那些大人一样，天蒙蒙亮就开始摆地摊，自己拉货送货，一直干到天黑。项向军凭着肯吃苦的态度，在第一年就获得了30万元的收益。

第一桶金的来之容易，让项向军有些飘飘然，但没过多久，他就意识到自己对服装经营只是略懂皮毛，这次的成功纯属走运，而要做大做好男装，不可能一辈子靠运气，必须有专业知识和能力才能稳扎稳打。后来，他来到兄长开的外发加工男装工厂，从最基本的服装加工学徒做起。四年起早贪黑的工作和学习，给了项向军极大的锻炼，并让他摸到了一点服装行业的经营之道。

2003年，项向军觉得自己已经准备就绪，可以开创一片自己的天地了，常熟裕仁商贸有限公司就这样诞生了。公司起初只是90人的小厂。凭借着一腔热血和一点一点积累的经验，简陋的服装工厂逐步引进全新的服装制作机械，开始了井喷式的发展之路。2004年，由于缺乏相关的法律知识，项向军公司做好的1万件成品衣服因商标问题没能进入市场。经过这次教训，项向军意识到，学习法律知识也是非常必要的，同时还要加强品牌意识。两年后，项向军自己的男装品牌——太子港男装诞生了。此时，公司规模已发展至200多名工人。

2006年，公司继续扩大生产规模，更换了更大的厂房。3年后，为了企业发展得更好，项向军正式成立了常熟市裕仁商贸有限公司。公司坚持走国内精品男装和国际时尚男装的发展路线，为打造“太子港”品牌，公司始终坚持软件、硬件一手抓的方针，投以重金先后引进日本、德国等国的先进生产设备，并根据南北方消费者的体型差异，在版型设计上采用分区、立体裁剪，做到能满足不同地区各类男士的穿着需求。与此同时，项向军还不断地出国考察，了解世界服装行业最前沿的核心信息，并运用到自己的企业发展之中。

2012年，企业的规模越来越大，老的工厂已经满足不了企业的发展，工厂再次搬迁，项向军心里也萌生了更宏大的发展想法。几年中，为了寻求企业发展之道，项向军南下福建、广东，北上北京、东北三省，西进陕西、四川等地，在不断的考察和调研中，一边了解服装市场的行情，一边寻找合作伙伴。在他的努力下，福建的才子男装、七匹狼男装，上海的保罗男装、鳄鱼男装等，都成了他的合作伙伴。其中，还有国内知名男装品牌海澜之家。起初，项向军为海澜之家提供加工服务，后来逐渐发展为联营模式。2015年，项向军设计的一款男装大卖了19万件，后来又补单了11万件，成为当年海澜之家的一个销售神话。能取得这样的成绩，源于项向军对服装品质的“完美主义”要求。项向军选款从来都是着眼于款式本身的艺术价值和市场价值，而非款式是否好做。因此，他几乎倾注了大部分心血在自己设计团队的培养和每一款衣服的设计制作上。2017年，项向军团队为海澜之家设计制作的4万件男装由于出现了微小的瑕疵而被项向军坚决拦下，禁止入仓。按照市场标准，这批衣服完全可以入仓销售，但是项向军希望自己工厂生产出的每一批衣服都是完美的，让顾客百分百满意的，他宁可承受损失从头来过。除了对衣服品质的“苛刻”追求，项向军的人缘也是极好的。对待自己的员工，他慷慨大方。每逢年纪大的员工要离职退休，他都毫不吝啬地送给他们临别礼物。对待客户，他亦是以诚为本。在客户困难的时候，他尽可能给客户便利，因此太子港品牌男装发展至今，已积累了数不清的十多年的老客户。这些老客户和项向军团队就像朋友，还会经常参与产品的开发。

企业在发展的同时，也收获了各种荣誉。2017年，公司被中国纺织工业联合会流通分会、中国棉纺织行业协会评选为中国服装品牌优秀渠道商。多年来，公司还多次被上级信用部门评选为AAA级信用单位。在与海澜之家的合作中，公司还获得了金剪刀奖的最佳设计奖和最佳生产奖。至目前为止，公司每年要帮助合作企业生产65万多件的羽绒服、夹克衫、皮衣等。在项向军的带领下，公司已经发展成了一家主要生产羽绒服、棉衣、夹克，并集研发、设计、生产、销售为一体的现代化服装企业。公司总投资1亿元，现占地面积20034平方米，建筑面积近38000平方米，已发展成为1000人左右规模的成衣生产、销售工厂，年上缴利税近500万元。

项向军在企业发展的同时，始终不忘企业家的社会责任，十分重视参与社会公益活动。2008年汶川地震发生后，他带头捐款10多万元。每年春节到来之时，他总要去敬老院、福利院、各类爱心社团参加捐助活动。多年来，他共捐钱款及物资等累计达50万元以上。

2018年，作为常熟服装城男装企业的领军人物，项向军还被莫城街道商会聘任为常熟服装城男装协会的会长。项向军认为，企业应该有自己内心的价值观建设，而他，也正带领他的团队，孜孜不倦地追求着自己事业的梦想。

打造有机过氧化物的“常熟明珠”

——记江苏强盛功能化学股份有限公司董事长应志耀

◎葛洁

国家历史文化名城常熟自古文化底蕴深厚，人才辈出，百业兴旺，孕育出了一大批知名企业家，应志耀就是其中之一。

1956年，应志耀出生在上海。1958年，他随母亲来到常熟何市。在农村艰苦的环境中长大，应志耀自小就乖巧懂事。他的学习成绩很优秀，体育也很优秀。母亲一直要求他勤劳诚实做人，鼓励他认真读书。

1975年，应志耀高中毕业，回生产队种地。可农闲之余，他没有忘记看书学习。1978年秋季，他考入南京大学化学系高分子专业。1982年大学毕业后，应志耀回到常熟，进入常熟市通用机械厂膜分离试验室，成为一名技术员，参与研究用于环保的反渗透水处理技术。一年后，他作为高学历技术人才被引进国营常熟化工厂，主持了多个新品的开发研究。

1987年，应志耀背起行囊，先后走进珠海金珠应用化学研究所南京试验基地、常州实验室，在不断做实验项目、做工艺流程设计、实现生产的过程中，工作能力得到了全面提高。他经历了中国南方市场经济大潮的洗礼，也完成了部分资本原始积累。1993年夏天，带着对家乡的眷恋和对家人的思念，成熟而自信的他决定举家回乡发展。

1995年7月，应志耀在位于常熟市区阜湖路的常熟市油漆涂料公司承包了一个不足10平方米的化学试剂柜台，成为全市为数不多的化学试剂经营者之一。为了更快地掌握采购和销售技能，实现向技术型经营者的快速转变，应志耀既当老板又当伙计，不仅到各地去进货，还自己给客户送货。日子过得虽然清苦，但他乐观地坚信，这是一个好的开始，他积累了用金钱买不到的经验。

有机过氧化物是绝大多数高分子材料生产中必不可少的一类精细化工产品。然而，这也属于高风险物质，整个生产过程中，每一个环节都丝毫不能马虎。长期以来，我国有机过氧化物主要依赖进口，国内少有人涉足。也正因为如此，市场前景十分广阔。“我一定要通过自主研发来填补这个市场空白，与国际产品竞争！”应志耀暗下决心，他要充分发挥技术特长，在有机过氧化物行业闯出一片新天地。

为了实现目标，1995年下半年，应志耀和常熟化工研究所签订了部门承包协议，解决了产品的许可和品牌问题。与此同时，应志耀还在十几平方米的车间内开始试生产，通过一次次不断试验，终于使产品获得了首批客户的认可，进入了试销阶段。1996年春天，应志耀在大虹桥租了两间稍大点的厂房，开始了带有经营性质的小规模生产，并为提高产品质量、做大生产规模、做强企业继续进行各种摸索。那段日子，应志耀常常会连续几十个小时跟着三班倒的工人连轴转。

前进的道路上不会永远一帆风顺。1996年10月，在一次小规模生产的试验过程中，由于摩擦，数公斤纯品发生爆炸。爆炸产生的焦油状高温裂解产物喷到应志耀的头部、脸部，他的头发全部烫光，脸部、手部严重烫伤。事故还造成他右手手腕关节中的八块骨头碎了四块，险些导致残疾。躺在病床上，伤痕累累的应志耀犹豫着今后是否要继续干下去。在导师、朋友的鼓励下，他坚定了信心，要找出更加安全的工艺流程组织生产，做出合格的产品。

18天后，光头、满脸血红、右手吊着绷带的应志耀出院了。厂房的出租方听说出了事故，婉言下达了建议“搬到好一点的地方”的逐客令。对此，应志耀克服了一切困难，重新出发。在不断改进试制的过程中，产品的合成和干燥的工艺得到了提高，同时加强了防护措施。应志耀的业务又开始较快地发展起来。

又是一个冬去春来，时光转到了1997年。应志耀的头上长出了新发，脸上的皮肤基本恢复了原样。厂子的业务也发展得越来越好，租用的厂房已经扩展到了第四处，员工也发展到了十几人。要提高产量，就要添置更好的设备。8月的一天，应志耀在车间进行新设备的调试。然而，由于急于求成且抱着侥幸心理，对新设备的性能掌握不到位，操作中添加物料不均匀，产品快速分解而喷射出来，应志耀再一次受伤。因为天气炎热、受伤面积广，皮肤上的残留物没有及时得到处理，至今，他的受伤部位都留有烫伤后深深的疤痕。这也让他牢记，科学来不得半点马虎，更不能存有侥幸心理，在安全生产的前提下，才能提高生产效益。

失败是成功之母。随着产品业务量的不断提高，应志耀筹备成立了自己的公司。1997年11月，常熟市强生化工有限责任公司（强盛化工的前身，当时名叫强生）在阜湖路42号开张了。随后，应志耀成功收购了三家同行公司，销售规模做到全市最大，自己也实现了从一名技术员向一名管理者的转变。2000年，公司走上了良性发展的轨道，产品成功进入国际市场，产销量直线上升，销售额连年翻番。2009年，强盛化工迈入常熟市百强企业行列。

然而，2008年的金融危机冲击着全球的每一个角落。应志耀果断投入2000万元，自主开发设计了当时全球最大的自动化连续生产装置——过氧化苯甲酸叔丁酯生产线。该装置安全运转至今，产量依然占全球总产量五成以上。

在化工行业，企业要做大做强，安全、环保、员工健康都是需要解决的难题。在强盛化工，应志耀始终把安全生产放在首位。新建项目从启动就重视对设施、设备等硬件建设的投入和管理，不断加大软硬件方面的安全投入。应志耀还结合公司的生产特点，对生产车间进行改造，尽量减少人与物料直接接触的机会，在提高安全性的同时，减轻员工的劳动强度。2005年，国务院安全生产委员会、国家安全生产监督管理总局分别派专员前来视察，对强盛化工在安全生产方面所做的工作和取得的成绩给予充分肯定。

质量是企业生存和发展的生命线。在强盛化工，整个生产过程从产品设计、开发、材料采购，到生产、成品储运，再到销售服务、废弃物处置等，每一道工序都有严格的标准。员工按照标准进行生产，力求使每一件产品都达到国际品质标准。应志耀还投资建立了分析测试中心，引进先进的仪器设备，确保投放市场的每一批产品具有一流品质。“顾客永远第一”的经营理念始终贯穿生产经营的全过程，只要客户有需求，强盛化工就派出工程师上门服务，第一时间、最大限度满足客户的需求。

过硬的生产技术，优良的产品质量，完善的售后服务，使强盛化工的产品具有强大的市场竞争力，成了有机过氧化物领域一颗令人瞩目的新星。不仅如此，每一次工艺改革研发成功后，应志耀都将省下的成本让利给客户，并不失时机扩大产能，使综合利用具有了经济性，兼顾了环保和成本，有助于占领市场制高点。

事业有成，应志耀没有忘记回报社会。2006年起，他在白茆中学和白茆中心小学设立了教师奖励基金，每年定期给学校捐款。他在古里镇先后认领了3个家庭贫困的孩子，一直给予他们无微不至的关怀和帮助。他还为白茆卫生院购置大型医疗设备，每年为当地的慈善活动捐款。为了表达对母校的感恩，他给南京大学捐款捐物，总价值达数十万元。

争先创优抓发展　履行责任促和谐

——记江苏金辰针纺织有限公司总经理殷金华

◎葛洁

殷金华是苏州市人大代表，现任江苏金辰针纺织有限公司董事长、总经理，中国针织工业协会副会长，常熟市工商业联合会副会长，常熟市纺织服装协会副会长，常熟市印染商会会长，古里镇针织商会会长。

用良好家风塑造企业家的基因

1965年，殷金华出生于常熟市梅李镇（珍门）一个贫困的农民家庭，在诚实无欺的农家氛围中成长，自幼养成敦厚诚实的品质。小时候，父母教导他最多的是祖辈传下的“人而无信，不知其可”“滴水之恩，涌泉相报”的古训，以及踏实做人、童叟无欺、坦诚面对等中华美德。这些古训在殷金华心里刻下了深深的烙印。正是这种熏陶，奠定了他在改革开放的经济大潮中驰骋商场，久经历练，获取成功的诚信、感恩的商德基础。

用优秀理念推动企业的发展

1997年，殷金华创办了只有23名员工的作坊式工厂——常熟市金辰针纺织有限公司。现在，公司已成为拥有近1000名员工、国际先进的印染高性能设备、年产2万吨成品面料的生产能力，并实现“织造—染整—印花—服装”

为一体、自我配套完整产业链的现代化中型企业。近年来，金辰针纺织在行业内的影响力日益扩大。随着事业上的成功，殷金华个人的知名度也逐渐提高，但是，首届常熟市文明企业家、江苏省商誉最佳民营企业家、常熟市劳动模范、常熟市十佳杰出青年等荣誉并没有让他陶醉，他怀着更强烈的社会责任感，冷静思考不忘本，始终坚持把社会服务工作当作企业发展的基石。

殷金华自建厂之初，就将具有专业知识、思维活跃、充满朝气的青年人视为公司的财富。自1998年引进第一名大学生至今，他所创办的企业先后录用了近300名大专以上学历的人才。他对引进的高学历人才给予每月500元的学历补贴，使得高学历的人员比同岗位低学历人员工资来得高，稳定了知识人才；同时加强内部培训，每年分批安排他们到国内外参加业务培训和商贸交流，邀请大专院校教授为他们开设专题讲座，增长他们的专业知识和技能；还充分依托公司党总支部与工会的优势，搭建成长平台，创造人才成长的环境；在政治上信任，业务上放手，生活上关心，按照个人的专业水平、工作能力委以重任。现在，他的公司已有30多名大专以上学历的员工被提升为公司管理层的领导和部门主管，年轻的党员干部已经成为公司的中流砥柱。

殷金华关爱员工，视员工为兄弟姐妹，是远近闻名的。2001年，他在公司全体员工大会上提出“员工第一”的理念。在金辰针纺织，没有“打工”的概念，所有员工都是企业的主人，每一名员工都应得到尊重。他把维护员工的合法权益，为员工谋取利益作为自己的工作职责来抓。自公司开业的那天起，员工的工资每月按时全额发清，已成为公司的制度。他坚持将员工工资收入每年增长10%列为年度经营考核目标之一。多年来，殷金华在提高员工月薪的基础上，通过增发年度奖、效益奖、工龄奖、创新奖等来提高员工收入。他还千方百计为员工创造舒适的工作、生活环境。公司投资1000多万元建造了8000多平方米的高标准员工之家，内设干部单人间、员工夫妻房、员工四人标准间和健身房、图书室、电子阅览室、乒乓球室、桌球室等活动场所及设施，丰富员工业余生活，同时开展各类技能比赛，培养员工工匠精神。

在为员工提供免费工作餐（每餐一荤二素一汤标准）的基础上，公司自2015年开始推行全体员工自助餐就餐制度（每餐三荤四素一汤标准），并充分依托公司拥有1000多亩农业产业基地的优势，为员工提供绿色健康食材（金辰大米、金辰蔬菜、金辰散养鸡鸭鹅鱼等）。在全面提升员工福利待遇的基础上，公司积极倡导节约意识，改变以往员工有吃有剩的陋习。通过自助餐改革，原来每天平均500斤左右的剩饭剩菜浪费，减少到几乎零浪费。自助餐制度推行后，每年食堂费用要多出50多万元，但在殷金华看来，这是自己必须履行的责任。他说，员工节约粮食的意识增强后，可以将节约意识延伸，一个工厂近千名员工，对外不断地辐射，不仅可以带动公司生产的节约，还可以带动别人的节约意识，员工个人的节约意识可以逐步带动他的家人、他的亲戚朋友，只有这样才能奠定全民节约的基础。朴实的他就是这样来诠释中华民族节约的美德，就是这样响应政府号召，推动创建节约型社会的。逢年过节，他还会组织员工开展联欢活动，发放过节费和物品，还会在年终给每名员工家里发一封慰问信，介绍公司发展状况和发展前景，让员工家里亲人放心，使员工感受到家的温暖。殷金华切实关爱员工的举动，增强了员工对公司的满意度，为建设和谐企业、和谐社会做出了贡献。

用高尚情怀担当社会责任

殷金华担任了很多的社会职务，工作也十分繁忙，但他还是积极开展调查研究，为区域内同行提供各类信息，为提升区域内同行企业的知名度和竞争力而精心筹划。殷金华说，组织和百姓信任我，参与社会活动，做好社会工作，是我应尽的责任。乐于奉献的精神，来自他从小受的教育。他懂得如何做人的道理。他经常向同行和员工阐述自己的观点：民营企业也是社会的，企业家不过是有效地利用和整合了社会资源并创造了财富，如果离开了政府支持和社会资源，就将一事无成；社会成就你创造了财富，你就应该用这些财富来回报社会。他生活俭朴，不贪图享受。同行中不少人认为，殷金华太傻，太不会生活。当他听到别人这样议论时，总是很坦然地说："只有把企业做强、做优，不断提高竞争力，才能立于不败之地，才能为社会做出更多的贡献。"殷金华在致力于发展事业的同时，积极参与公益事业活动，历年来，为家乡修路捐款，为政府建造颐养院捐款，坚持资助老弱病残与寒门学子等超过500万元，多次被评为常熟市慈善先进个人。

殷金华的口袋里有一样东西是必不可少的，那就是一副一次性手套，那是他每日进行早锻炼时捡垃圾用的。作为一名企业负责人，时间本不宽裕，但他却是身先士卒地抽出宝贵时间参与保护环境行动，三年来个人累计做义工超过了600小时。在他的影响下，公司各部门纷纷成立了义工组，常年坚持组织员工开展周边村庄捡垃圾、道路交通协管、医院导医等义工活动，2017年度累计组织义工开展社会服务活动40多次，为提升全民环保意识开了个好头。

同时，殷金华充分认识到发挥党组织的政治核心作用和政治引领作用对社会发展的重要性，他虽不是共产党员，但他却全力支持公司党组织的各项活动，以群众的身份参与“自觉接受中国共产党的领导，坚持走中国特色社会主义道路”主题教育等重要活动。在他的建议下，公司党总支部将“毫不动摇听党话、坚定不移跟党走，对国家对未来充满信心，不被杂音所干扰”作为公司党建的中心工作抓手，不断提高企业党建的引领作用。

一代人有一代人的机遇，一代人有一代人的使命。如果说40年前的企业家们庆幸的是冰河解冻，那么今天的企业家，则更有机会在大河中行船。中国特色社会主义的航船进入新时代，我国经济已由高速增长阶段转向高质量发展阶段，这是新的机遇。如何在“中国制造”以外拿出更多“中国智造”“中国创造”？无论是落实新发展理念还是化解新矛盾，无论是实现产品更新换代还是顺应消费升级，新时代都在呼唤企业家的新探索。殷金华说：“希望广大企业家共同努力，争创优秀企业，争当优秀企业家，弘扬优秀企业家精神，用更好的业绩和更大的贡献，来回报党和政府对我们广大企业家的支持和关心。”

让浙商精神焕发新光彩

——记江苏中冶能源设备制造有限公司董事长余惠兴

◎葛洁

从古至今，浙江商人都是中国经济发展的重要推动力量之一。作为新一代浙商中的一员，余惠兴身上集聚了浙商“舍得”“和气”“共赢”“低调”“敢闯”的主要特点。作为一名来自农村的企业家，他以吃苦耐劳的实干精神、刻苦钻研的钉子精神赢得了人生的精彩。

余惠兴是浙江绍兴人，中共党员，常熟市第十四届政协委员，江苏中冶能源设备制造有限公司、江苏绿博生物科技有限公司法定代表人、投资人。2007年，余惠兴与生意伙伴合伙创办江苏中冶能源设备制造有限公司，主营油田用特种钢管业务。企业落户常熟以来，累计提供就业岗位250多个，纳税4500万元，连续多年被评为纳税大户。不仅如此，公司成功进入延长油田供应商名录，累计为油田供应各类专业油管达4000公里。他创立的江苏绿博生物科技有限公司攻克了液体发酵新技术，解决了本市垃圾分类工作中产生的有机垃圾的处理利用难题。他情系“三农”，创立江苏绿博农业科技有限公司，围绕农业产业发展和农业生态保护，以有机液体肥为纽带，引领和带动周边农业生产，构建开放、共赢的新型循环农业产业化经营模式。

为了使企业能够更好地发展，余惠兴多次远赴美国等地，引进国际先进科技，不断进行技术革新，开发新型产品，先后获得10多项专利技术，以宽广的视野和严谨扎实的作风带动企业全方位发展。他重合同、守信用，在客户和合作者中享有高度信誉，从事任何行业，都能与供应商及客户建立稳定、紧密、互信的合作关系。他关心并厚待员工，始终把员工当作企业第一财富，把关爱员工当作培养凝聚力、向心力的重要方法，无论是逢年过节，还是员工生日，都会让公司第一时间送上祝福和问候；他时刻关心每一名员工的生活，通过各种方式帮助有困难的员工，提高员工归属感。合法经营、照章纳税、诚实守信是他不变的承诺。他拥有现代企业家的优秀品质，诚信守约，很好地确定了投资人与职业经理人之间的合作关系及规则，凝聚了人气，极大提升了企业的发展空间。

作为出生在农村的企业家，余惠兴积极响应国家乡村振兴战略的号召。围绕农业产业发展和农业生态保护，他在董浜先后创办江苏绿博生物科技有限公司和江苏绿博农业科技有限公司，专业从事有机废弃物的处理利用和农产品加工流通工作。在习总书记“绿水青山就是金山银山”的号召下，结合本市的垃圾分类及可腐垃圾资源化工作情况，余惠兴与南京农业大学沈其荣教授团队紧密合作，研发了餐厨垃圾、尾菜等有机废弃物液体发酵资源化利用新技术，解决了垃圾分类推广后可腐垃圾的出路问题。目前，董浜、梅李、常福街道三个处理站已建成，日处理能力达80吨。有机废弃物处理后产生的有机液体肥用于铁黄沙沙地改良、水稻蔬菜种植等领域，实现了变废为宝，减少了化肥的使用，还改良了土壤，达到了化腐朽为神奇的功效。

余惠兴是工商资本进入农业领域的代表，他投资的绿博农业将重点建设大型蔬菜加工配送体系，补长我国农产品加工落后的短板，实现蔬菜从产地到终端市场的直接对接，减少中间环节，实现农业提质增效。同时，他将以有机液体肥料为纽带，带动周边农户，通过标准化种植、订单制生产的方式，构建新型循环农业产业化经营模式，实现带头发展、带领发展、绿色发展，保障菜篮子供应。与此同时，绿博生物将实施“走出去”战略，复制推广常熟董浜模式，争做国内有机废弃物资源化处理利用领域的排头兵，为生态文明建设多做贡献。

作为政协委员，余惠兴积极参政议政。他结合自身工作，深入一线调研，为本地农业发展和生态问题献计献策。担任政协委员以来，他先后提交提案3件，这些提案受到了相关部门的重视和肯定。以“大力发展农产品加工流通”的提议为例，该提议切中我国农业的短板，为相关政策的出台提供了有益的意见建议。让人鼓舞的是，在2019年中央一号文件中，也出现了发展农产品加工的要求。

余惠兴还热心公益事业，多次向各级慈善基金会捐款。不仅如此，他对常熟这个第二故乡也充满了感情。2017年，中冶能源独家赞助了董浜首届“徐市羊汤节”，助力董浜乡土文化建设和特色农产品发展。他还连续几年拿出资金支持村级公用事业，帮扶困难群体。他说，作为一名有格局的企业家，他将以一贯的真性情，不断为常熟的发展添砖加瓦。

做好和乐勤丰“主心骨” 当好乡村振兴“领头雁”

——记常熟市常福街道勤丰村党委书记张建昌

◎葛洁

走进常熟市常福街道勤丰村，美好乡村建设的气息扑面而来，一幅村净、人美、花红、柳绿的“美丽乡村”新画卷展现在人们面前。这是该街道“美丽乡村”建设的一个缩影。

勤丰村地处常熟市城区北郊，隶属常福街道，三环高架穿村而过，海虞北路延伸段南北贯穿全村，地理位置十分优越，水陆交通也十分便捷。全村面积6.15平方公里，地势平坦，目前有村民小组45个。2018年，全村村级可用财力达到3678万元，农民人均年纯收入达到46958元。看着并村以来的变化，村民无不对村党委书记张建昌交口称赞。

20世纪60年代，张建昌出生于常熟白茆镇的一个普通农民家庭。2003年4月，原勤丰、大毛桥、胜利、新罗四村合并而成现如今的勤丰村，张建昌全票当选为村党委书记，之后一直连选连任至今。自当选村党委书记以来，他始终千方百计发展经济，全力以赴维护稳定，尽心尽力改善民生。如今的勤丰村，已成为全市乡村振兴的“领头雁”。

发展为先，下好乡村振兴“大棋”

早在2003年并村之初，面对村级经济收入一般、刚性支出较大等压力之时，张建昌就清醒地认识到，思路决定出路，富民必先强村，村强才能民富。他充分利用勤丰村地处城乡接合部的优势，抓住城市化推进的机遇，把村级财力建设融入城市化、工业化发展中去，确定了村级经济发展“四步棋”战略。

一是整合资源。抓住深圳路接通虞山高新技术产业园区和海虞北路的机会，拆除原有老旧厂房，整合利用四村土地资源，大力改造标准厂房5000平方米，建设农民集中居住区配套用房30000平方米，增加村级收入500多万元。

二是异地发展。抓住虞山镇建设工业集中区的机遇，积极向外拓展，先后在方浜、毛桥等工业集中区内建造标准厂房40000多平方米，每年租金收入达500多万元，进一步增强了村级经济实力。

三是优化结构。充分利用近城和紧靠“绿地老街”的优势，大力建设商业综合服务用房，全力构筑产业层次较高、布局合理、特色鲜明、竞争力强的服务业发展新格局。几年来，先后建造农业银行档案楼14000平方米；投资3亿元建设集休闲、娱乐、购物于一体的常汇生活广场；积极开展招商引资，引进常熟市交电家电有限责任公司、押运中心等落户勤丰；着力打造深圳路汽车4S店一条街；等等。

四是发展现代农业。建立勤川现代农业示范基地，与江苏省农业科学院、扬州大学等高等院所建立合作关系，运用现代农业科学技术，成熟掌握优质水稻种植技术，积极发展生态农业、循环农业、观光农业，为推进富民强村增添后劲。

他以一名农村党员干部的党性责任和韧劲，带领全村干部群众苦干实干，使勤丰村保持了经济平稳较快增长，村级集体收入从2003年刚并村时的600多万元一路增长到2018年的3867万元，一跃成为全市村级经济实力排头兵。勤丰村也自此走出了一条强村富民之路，并先后获得了国家级生态村、江苏省文明村、江苏省社会主义新农村建设先进村、江苏省现代农业示范村、江苏省卫生村、江苏省生态村、江苏省民主法治示范村、苏州市文明村标兵等荣誉称号。

创新为要，答好乡村振兴“问卷”

经济腾飞之时，他不忘创新机制体制，不断激发村级经济发展活力。

一是深化完善社区股份经济合作制改革。2005年，村里召开党员会和村民代表大会，在广泛采纳民意的基础上，组建成立了勤丰村社区股份经济合作社，提高了村级民主管理和科学管理水平，同时也有效促进了农民增收。

二是创新村级经济发展体制。成立村级具有一定资质的房地产开发公司，积极参与到城市化建设中去，为村级经济发展培育新的增长点；建立物业公司，增强综合服务能力，为入驻企业营造更加安全舒适的发展环境，同时也为就业困难人员提供就业岗位。

三是强化组织保障机制。加强村级领导班子建设，调整充实班子成员，定期开展政治理论学习，不断更新观念，提高班子整体素质，切实增强班子的凝聚力、号召力和战斗力。同时坚持党员学习制度，通过支部活动、网络信息、报纸杂志等多种途径，组织党员开展经常性的学习活动，提升党员队伍素质，充分发挥党员的带头作用，促进全村精神文明建设发展。建立“两会”监督评议“两委”制度，定期召开党员代表会议和村民代表会议，广泛听取意见和建议，加强和改进村级工作，着力构建和谐社会，为推进富民强村提供组织保障。

民生为本，打好乡村振兴“底色”

全面发展之余，改善民生始终是他的出发点和落脚点。他把关注民生、实现致富放在突出位置，致力于改善民生福祉，加快村级各项社会事业建设，不断提高村民群众的获得感和幸福感。

一是通过发展经济、做大蛋糕，为持续改善民生奠定物质基础，不断完善民生基础设施建设，增加小区绿化、健身设施、运动场地、小游园，建设图书室、日间照料中心、老年活动中心、卫生服务中心、妇儿活动中心、文体活动中心，进行自来水改水增压、天然气管道铺设，实现门面白化、道路硬化、路灯亮化、环境美化等。

二是通过建设常汇生活广场，做强服务业，进一步缓解就业压力，给附近的村民提供就业机会，同时组织开展劳动力转移、农业实用技术和创业培训，提高村民职业技能；依托劳动就业信息网，帮助推荐就业岗位，落实再就业优惠政策，提高村民就业率，有效促进农民增收。不断完善社会保障体系，确保各项福利发放；年终对困难群众进行适当的药费补助；春节、端午节、中秋节为全村老年人送上节日慰问金，仅2018年发放节日慰问金就高达225万多元。

三是通过加强文体队伍建设，充实群众文艺生活，提供丰富的精神食粮；同时广泛开展爱国主义教育，践行社会主义核心价值观，加强未成年人思想道德建设，引导村民树立正确的世界观、人生观、价值观，塑造自尊自信、理性平和、积极向上的社会心态。

张建昌担任勤丰村党委书记已有16个年头，这些年来，他也有过被质疑的时候，但他并没有因此退缩、止步不前。正是他这种永不懈怠、永不退缩的斗志，一路激励着他直面挑战、创新思路，才有了今日勤丰村的新面貌。如今，站在新时代的起点上，他又在精心规划着走一、二、三产业融合的路子。在现代农业示范基地内，一座农耕文化展览馆正在如火如荼的建设中……相信张建昌会一如既往地不忘初心、牢记使命，带领勤丰村党员干部群众，撸起袖子加油干，努力为强村富民，为乡村振兴再做新贡献。

专注科技创新　铸就常铝辉煌

——记江苏常铝铝业集团股份有限公司董事长张平

◎葛洁

科技，是第一生产力，是常铝立厂之本；创新，是企业生命力，是常铝壮大之源。科技创新，使30多年前的小厂，发展成为行业领先的上市公司、国家高新技术企业和当地利税大户。这一切，离不开坚持“科技创新”发展思路的常铝领航者——董事长兼总经理张平。

科技创新　离不开人才引进、储备和使用

张平，1970年上海交大毕业，现兼任中国有色金属加工工业协会副理事长、中国有色金属工业协会理事，曾获有色金属加工行业全国劳模称号，2006年起享受国务院政府特殊津贴。作为技术专家型企业经营管理者，张平在常铝初期发展过程中，深感科技和人才的实用性、重要性。

他加大人才引进的力度，从录用大专以上毕业生，到引进研究生及以上高层次人才，至今厂里大专以上各类人才有223名，占全厂员工总数的47%，极大改变了员工的知识层次结构，有效提升了员工的综合素质，为企业实现科技创新常态化打下了坚实的基础。

积极发挥人才的作用，为各类人才搭建平台。他大胆提拔中青年知识分子担任技术、管理方面的骨干和中层干部，将重大科研项目向中青年知识分子

倾斜，充分发挥中青年知识分子能力强、知识新、创意佳等优势，不断研发行业科技新品。在他的带领下，公司建立了江苏省企业技术中心，并被人力资源和社会保障部、全国博士后管理委员会联合批准为“博士后科研工作站”。

同时还通过各种制度留住人才。为保证技术和管理队伍稳定，激励人才安心、用心、潜心工作，张平经常借助个别谈心教育、党组织关怀、脱产培训、待遇保障、升职加薪以及住房补贴等方式，在工作、思想、生活等方面全方位关心、保护人才，以情感人，以业留人。

科技创新　离不开潜在商机的敏锐捕捉

张平不仅是一名高级知识分子，还是一名优秀的企业管理专家。1992年，当他偶然获悉广东华宝空调采用进口亲水涂层铝箔后，就敏锐地意识到亲水涂层铝箔有着巨大的潜在市场。在有关科研单位协助下，他果断决策，承担国家重点工业性试验项目“亲水涂层铝箔”的自行研发，并选择当时全球最先进的日本轻金属株式会社的产品为参考对象，科学制定了亲水涂层铝箔开发的科研目标。

在亲水涂层铝箔的研发过程中，张平负责主持、组织实施，并与其他科研人员一起，着重对涂料、涂覆工艺、涂覆设备三个主要技术课题进行攻关。1995年底，该研发项目顺利投产。1996年1月，该项目通过国家和省有关部门的产品鉴定与项目验收，生产的产品质量达到了日本同类产品标准，填补了国内空白，打破了进口产品称霸国内市场的局面。他研发的亲水涂层铝箔很快得到了国内主流空调厂家的肯定，并被大量采购使用。同时，该产品的研发成功，也为国产空调行业的技术革新、降低成本起到了积极作用，为常铝跻身同行领先地位吹响了号角。因此，企业获得了国家有关部委、江苏省人民政府的多项表彰（国家技术创新优秀项目奖、科技进步一等奖、科技成果向生产力转化优秀项目奖等），张平本人被国家有关部委、江苏省人民政府等授予科技进步先进个人、科技成果向生产力转化先进个人、江苏省优秀企业经营管理人才、江苏省质量管理优秀工作者等荣誉称号。

科技创新　承担企业打造业内航母重任

在张平的带领下，常铝先后成功开发30多个类别的涂层铝箔产品，掌握了国内领先、国际一流的多项具有自主知识产权的生产技术和工艺，成为国内实力领先的涂层铝箔专业生产企业。

多项具有自主知识产权的专利型产品相继研发成功，企业得到了持续快速发展，生产规模不断扩大，产品种类不断增多。优质的产品服务、良好的经营业绩和全新的经营理念，使常铝不仅吸引了日本伊藤忠商事株式会社（世界500强企业）的加盟，还赢得了日本大金、松下、富士通、三菱电机，格力、美的、海尔等国内外知名空调厂家的青睐，公司产品远销20多个国家和地区。

2007年8月，公司成功在深圳证券交易所挂牌上市（股票简称：常铝股份；股票代码：002160），公司在资本和产业市场获得了空前跨越。2012年4月，为顺应企业战略发展需要，打破能源资源束缚，及时应对产业竞争，谋求企业更大的发展空间和机遇，公司在内蒙古包头市设立全资子公司，彻底解决常铝总部铝坯料及铸锭的来源、质量及稳定性方面的问题，并同步扩大公司现有产能，完善公司铝加工产业链，进一步优化公司产品结构，继续增强公司的营利能力和核心竞争力。

2014年8月，公司通过资本市场并购的方式收购山东新合源热传输科技有限公司100%股权，介入产业链下端，开始为内资及合资中高端汽车厂商提供汽车散热系统用高频焊铝制管和其他精加工铝制产品。2015年4月，公司又通过并购重组形式收购上海朗脉洁净技术股份有限公司100%股权，跨入医药洁净领域，并同时宣布向大健康产业发展，正式实施公司“铝加工+健康产业”双主业协同发展战略。2017年12月，公司设立江苏常铝新能源材料有限公司，正式进军动力电池用材领域。2018年10月，公司又通过并购重组收购泰安鼎鑫冷却器有限公司，成功介入汽车散热模块一级供应商体系。

在引领常铝发展的30多年中，张平专注科技创新，在项目和产品研发过程中亲力亲为，带头苦干，攻克了一个又一个的技术难关，取得了一个又一个的新突破。常铝的市场份额不断扩大，不断上演跨越式发展。

抱朴守拙方行稳致远

——记江苏新凯盛企业发展有限公司董事长张卫东

◎李梅

张卫东，中等个子，面容清癯，常常是笑眯眯的样子。从认识他起，我就对他怎样从一个普通农民到今天成为新凯盛的董事长，充满了好奇。慢慢地，我跟他熟悉了，聊得多了，便知道了他的经历。

张卫东常常感叹，自己这一代人既经历了改革开放前的贫穷落后，又亲历了改革开放的过程，一路走来，苦也有，泪也有，笑也有，可以说感受最真，情意最切，体会最深。

1978年，随着党的十一届三中全会的召开，中国经济开始由计划经济向市场经济转型。张卫东出生于常熟古里镇，从小生活在农村，对改革开放前的穷困生活和改革开放之后工作、生活所发生的变化，有着深刻的记忆。他从16岁开始进入古里养殖场工作，两年后又转岗到冲压件厂做销售员、销售科长。在冲压件厂时，厂里生产的电视机用的散热器，他都认真地研究、思考。他还要南下北上跑业务，苏州的孔雀牌电视机、深圳的康佳牌电视机等，这些时代品牌都是他们努力之下的合作伙伴。那时，电视机厂的配件都是从外面采购后自己组装的。如今，张卫东常常会感叹道："现在才明白，当时的模式其实就是现代企业的全球化采购的管理模式雏形了。"那几年的销售经历对他本人而言意义非凡，改革开放的热潮带给他巨大的冲击，多姿多彩的世界之门在他眼前打开。

20世纪90年代初，圆机传入常熟，常熟人开始发展针织行业，集聚在梅李、古里一带。1993年，他观察到圆机产业渐火的趋势，下意识地感觉这是个很好的机会，于是果断辞职，购买圆机，以个体小作坊的经营模式进入纺织行业。刚开始他是随大流，别人家什么产品好销，他就跟风生产，但是几年下来，他发现这样就没有竞争力，跟着别人走，永远达不到自我预期。他坚信自己应该可以做得更好，走得更远。那时的他，一有空就认真学习各种新的管理知识，了解市场行情，苦苦思考如何才能突破现状。

1999年，他接触到了全新的摇粒绒产品，并有订单跟来。这个产品的特殊性在于生产过程中要交叉着在染厂和针织厂里完成各道工序，必须是有染色厂的针织厂才能够生产，很多厂家都不敢接单。张卫东的作坊也陷入了发展瓶颈期，找不到突破口。偶然间，他想到了以前冲压件厂的客户，那些电视机厂的采购模式是不是可以借鉴过来？自己有圆机直接生产坯布，周边有染厂可以完成染色、定型等工艺，自己可以购买起毛、梳毛、剪毛、烘干等后整理设备，合理统筹解决各工序间的衔接。就这样，他果断跨出了第一步。这在当时被业内戏称为“断章取义”，开创了新的行业经营管理模式。从那个时候起，新凯盛正式步入了高速发展期。摇粒绒经过几次工艺改进，到现在依然是新凯盛的经典产品之一。

企业发展到一定阶段后，张卫东坚持不断学习新知识，掌握行业新动态，努力拓宽思路和视野，始终保持理性发展意识和敏锐的市场观察力。从1999年的10来个人的小作坊到现在，公司已成为集织造、印染，面料和家纺等生产、贸易和研发为一体的现代化集团企业，员工总数达到1200人。公司先后通过了ISO9001质量管理体系认证、ISO14001环境管理体系认证、OHSAS18001职业健康安全管理体系认证、OEKO-TEX Standard 100生态纺织品认证。多年的高要求，使企业成长为中国印染行业协会副会长单位、中国针织工业协会副会长单位、国家功能性纬编产品研发基地、中国流行面料吊牌示范单位。公司自主品牌“Kaswide”和产品分别获得江苏省著名商标，江苏名牌产品、江苏省出口名牌产品等荣誉。公司秉承“执着细节，造就精品”

的质量理念，产品远销欧洲、美国、日本、东南亚等国家和地区。公司以稳定的质量和优质的服务赢得海内外客户的认可与信赖，与众多世界知名的服装品牌公司建立了良好的战略伙伴关系。

在科技创新方面，目前公司已经获评江苏省高新技术企业，成立了江苏省功能性纬编纺织品工程技术研究中心，拥有省级高新技术产品10余项，申请或授权专利50余项。公司2018年的目标是完善并提升“3+1”建设，即针织绒类生产基地、高档针织运动休闲面料生产基地、印花针织面料生产基地以及江苏省针织面料研发中心的建设，初步形成现代企业发展模式，力争达成年产值超10亿元人民币，出口值1亿美元。

许多年以前，张卫东就开始尝试站在国外客户的立场来看待和考评新凯盛，清醒地意识到国外客户看似严苛的要求和标准，其实都是对企业负责；充分认识到严格的管理才是真正对员工的关爱和负责，唯有以钢铁般的纪律严格治厂，以慈母般的爱心善待员工，才能使企业欣欣向荣。制定先进合理的管理制度是企业正常、合理、有效运转的要素。公司面对的国外客户较多，民营企业要与国际接轨，最根本的就是要实现职业化、制度化、专业化。所以经过几年的努力，新凯盛已形成了完善的ERP内部系统管理体系、财务管理体系、客户服务体系、各生产环节操作程序规范、员工激励机制等。彼时公司已经意识到企业核心竞争力之一是人才，帮助家庭困难的员工是凝聚人才的途径之一。张卫东由此提出“把员工照顾好是最大的慈善”观点，2010年成功设立“关爱基金”，为员工购房、落户、子女入学提供方便。此外，春节时，他还带领公司管理层到员工家中拜年，安排年夜饭……他坚信对员工负责是企业发展的前提和保障，并通过对员工的关爱来构建企业文化。同时，公司在发展经济的同时，勇于承担起更多的社会责任。公司还成立了义工组织，积极参加常熟义工慈善活动，既丰富了员工的业余生活，也帮助员工更好、更多地融入社会。公司还在常熟结对帮扶的贵州省铜仁市思南县开办希望童园，为山区的留守儿童创造一份属于他们的学前教育。2017年，公司向常熟市慈善总会捐款180万元。他说，他去过西藏的无人区徒步，脚底全部磨破，血肉模糊，但仰望星空，内心却澄静一片；他说，他带回了一瓶沙子，就是要告诉自己，所做的善事犹如黄沙，无法计数，更不求回报。

2016年，张卫东加入中国民主同盟，也成为常熟市第十二届、第十三届、第十四届政协委员会委员。这些成绩和荣誉，让他明白肩负的社会责任。这既是鼓励，更是鞭策。2018年，张卫东申评了高级经济师。他说："就当成一个新的起点吧，不能松懈，要继续学习新的企业管理知识，学习别人的成功经验，让自己有更高的提升。我们这一代人，经历了改革开放的过程，既是见证者又是建设者，深深理解中国有今天的发展靠的是改革开放。党和国家待我不薄，我只有更加努力，才能回报国家和社会。"

用红木传统文化塑造“东方艺魂”

——记常熟市金蝙蝠工艺家具有限公司董事长、总经理赵建国

◎祁忠

“手艺60年，种地万万年。”俗话是这么说的。为了让家人过上衣食无忧的生活，1979年高中毕业后，19岁的赵建国来到常熟市王市红木雕刻厂拜师学艺，学习家具制作和木工技艺。

从学徒工开始，逐渐进入设计环节，再到成为企业领头人、苏作红木家具优秀代表者之一，在这个行业一干就是38年，这就是常熟市金蝙蝠工艺家具有限公司董事长、总经理赵建国走过的一条事业之路。

红木家具业有起有落，虽然有不少人改行，但赵建国却执着于红木技艺、传统文化而终生不悔。

如今，始创于1966年的常熟市首家红木工艺家具企业，更名为常熟市金蝙蝠工艺家具有限公司，集室内装饰与家具制作为一体，拥有先进的生产设备及技术和力量雄厚的设计制作队伍。金蝙蝠内外并举，在国内外享有一定知名度，是江苏省家具行业协会红木家具专业委员会第一批委员单位、江苏省工艺美术行业重点单位，产品出口国外，被誉为“东方艺魂”。

从学徒工开始路在脚下

进入红木家具行业从事木工工作，就是传统的拜师学徒的一种。当年赵

建国高中毕业做学徒工，学历还是蛮高的。在学徒的前两三年里，赵建国掌握了红木家具制作的选料开料、间架结构、榫卯工艺等全部手艺。他是个勤奋、不知累的人，在工厂学手艺，在家里还要手工操练，床、床头柜、衣柜，没有一样不做。他也是个生活上不知苦的人，整天快快乐乐。学徒工每天挣0.5元，一个月的工资15元，自己能拿到的钱每月只有3元。中午吃饭，他在食堂买菜只买几分钱一份的青菜，从家里带饭，省下这么几分饭钱。

赵建国还是个肯动脑筋学习的人。那时，上海、苏州等地的国有企业经常给工厂派下来活，要求产品按照他们提供的图纸制作。以前，谁也没有见过图纸，也不知道图纸怎么画。1982年，出师后的赵建国又对图纸产生了浓厚兴趣，开始琢磨钻研，逐渐迷上了设计，并尝试着做起了设计。

当时工厂很重视人才培养，企业负责人见这位青年好学上进，1984年就选拔他到常熟工艺美术职工大学脱产学习，一学就是3年。毕业时，学生们到上海市工艺美术学校实习，同时进行毕业设计制作。赵建国设计制作的是一台饰品柜，开料、设计、制作一气呵成。这件毕业设计制作作品，受到老师和同学们的一致好评。

赵建国还是一个专心、执着的人。他从学徒的那天起，没换过行当，没离开过这个培养他长大的工厂。1997年，企业进行了第一次股份制改造，厂里的200多人都成了股东。从那时起，他就担任了企业的董事长兼总经理。2004年，企业进行了第二次改制，经过严格的清算、转让等手续，赵建国持企业100%股份。

改革开放初期，是各行各业发展的一个新的转折点。赵建国认为，家具行业的木工工艺是传统的手工艺之一，学本事、学手艺是那个时代人的一个追求，而木工行当是能让一个人一生受益的行当。进入家具设计领域，是又一个新的高度。在整个学习、提升过程中，他边学、边做，边理论、边实践，为以后的事业发展奠定了坚实而有力的基础。

企业转制插上发展翅膀

20世纪的80年代和90年代，家具行业有两个任务：一个是为计划经济服务；另一个是出口创汇，为国家做贡献。特别是当时的红木家具行业，是国家出口创汇的一个重要行业。

事业在发展。赵建国回望企业走过的道路，认为企业的发展经历了几个阶段。20世纪80年代到90年代，国民经济飞速发展，红木家具行业也蒸蒸日上，金蝙蝠不断发展壮大。随着改革开放，三资企业如雨后春笋，边境贸易越来越好，国家经济也由计划经济向市场经济逐步转变。在这个大背景下，自20世纪90年代初开始，金蝙蝠有了自营进出口权，从此企业真正走上了内销、外销并举的道路。金蝙蝠红木家具产品也一步步走向成熟，走向高端。在此期间，金蝙蝠为上海的著名老饭店功德林、扬州饭店、老半斋、王宝和、新雅粤菜馆等设计制作家具，影响力大增。2000年前后，金蝙蝠企业不断壮大，进入了红木家具内销市场的近10年黄金期。

随着金蝙蝠设计、制作水平的提高，知名度也越来越高。1995年，金蝙蝠红木家具连续三次进入中南海、钓鱼台国宾馆。赵建国清楚地记得，当时这项“政治任务”，要求有多么严格，先有领导、专家、教授来企业进行全面考察，最后才敲定由他们承担这个项目。1997年为中南海紫光阁设计制作的红木家具，1999年为钓鱼台养源斋设计制作的红木家具，以及为中俄经济工商界高峰论坛特制的主席台家具，使金蝙蝠得到如潮好评。

金蝙蝠还先后为上海和平饭店、上海西郊宾馆、静安宾馆，南京东郊国宾馆，辽宁友谊宾馆、沈阳迎宾馆，中共一大、二大会址，上海大观园，北京大观园设计制作成套红木家具，以工艺精湛、线条流畅、造型古朴典雅、雕刻玲珑剔透、表面涂饰细腻受到中央领导和专家们的赞誉，产品畅销全国20多个省、区、市。

2002年，最高人民法院为制作审判法庭用法槌，面向全国招标。在20多个红木生产企业的激烈竞争中，金蝙蝠一举中标，从此，“金蝙蝠”红木法槌被全国3万多个法庭使用。2016年9月4日至5日举行的二十国集团领导人杭州峰会，2017年5月14日至15日举行的“一带一路”国际合作高峰论坛，2017年9月3日至5日举行的金砖国家领导人第九次会晤，国家主席习近平每次都敲响会槌，宣布会议开幕，而这些高雅、精致的会槌，都是金蝙蝠制作的。

1997年7月后，由于受亚洲金融危机的影响，红木家具行业又进入了近10年的低谷期。在蛰伏的几年里，赵建国领导着金蝙蝠苦练“内功”。从2006年开始，古典家具行业又进入了8年的飞速发展期。

通过一系列努力，金蝙蝠走上了持续发展的道路，先后荣获江苏省著名商标、江苏名牌产品称号。如今，金蝙蝠已成为江苏省家具行业协会红木家具专业委员会第一批委员单位，江苏省工艺美术行业重点单位，江苏省家具行业协会副会长单位，中国家具协会第五届、第六届理事会理事单位，中国红木家具国家标准起草单位，获中国家具协会中国传统家具文化传承贡献奖、中国传统家具设计制作大赛成套系列金奖、江苏省工艺美术百花奖金杯奖等荣誉。

引领苏作产品远销海内外

金蝙蝠红木家具产品扬名海内外，远销世界4大洲80多个国家和地区。金蝙蝠为扎伊尔总统制作的“金蝙蝠”红木家具，曾经被誉为“东方艺魂”。早在1972年，尼克松访华时下榻的锦江饭店所用的红木家具，也是由金蝙蝠精心制作的。

为弘扬红木家具文化，演绎苏作家具特色，2013年，赵建国创建当代苏作红木家具文化艺术馆。展厅总面积3000多平方米，展出的展品都为当代苏作经典红木家具。400余件展品，展现出当代苏作红木家具令人动容、诱人魂魄的造型艺术和人文气息。因为对行业的积极贡献和乐于付出，赵建国担当起常熟市海虞苏作红木家具商会会长的重任。

现代设备助推金蝙蝠红木家具趋向精细、经典，并具有时尚气质。时下，金蝙蝠拥有德国进口的高速四面刨和日本进口的数控机床、高频拼板机等一整套的家具生产设备，生产出的产品质量更高、规格更加标准。赵建国还与日本阿波株式会社合作，生产的工艺家具及装饰品销往日本，精湛的工艺、先进的技术和上乘的质量令外商赞不绝口。自2001年起，金蝙蝠在同行业中率先通过ISO9001和ISO2000质量管理体系认证。金蝙蝠家具更在省级、市级抽检中全部合格，成为江苏省消费者协会推荐品牌。

传承文化冲刺百年目标

谈到从业理念，赵建国表示，红木产品不要做多，但要做好做精；红木行业要惜材，珍惜人才，珍惜木材。珍惜人才，培养好年轻人，继承并弘扬我国红木传统文化、手工技艺，行业才会后继有人。红木，是传统文化的载体，保护好、利用好木材，红木传统文化的传承才有载体，而不会流于说空话、“放空炮”。

在赵建国看来，中国家具和欧美家具在工业水平和设计创新能力上还有一定差距，但中国传统红木家具与生俱来、卓尔不凡的特性，造就了它独特的优势。所以，中国传统红木家具应该借助在国内外具有强大影响力的优势，大力发展，前途必将无比光明。

2016年，金蝙蝠刚刚度过50岁生日。赵建国说，他的下一个远景目标，是向“百年老店”冲刺。

在需求与艺术间寻找平衡点

——记苏州东坡文化传播有限公司董事长周皞

◎姚易

走进苏州东坡文化传播有限公司的一间办公室，满室书籍，堆叠得连楼梯都不放过。室内幽兰婆娑，菖蒲葳蕤，沉香隐隐，若有似无。这间办公室的主人便是董事长周皞。广告之美，无处不在；广而告之，美在久成。周皞说：“广告是一门关于美的学问，美好的事物需要很长的时间打磨才能形成，且要付出长久的努力；顺应事物的发展规律，方能水到渠成。”

平衡之间的艺术

“因为喜欢广告这个行业，觉得它可以把美变成外在的张力，所以当年我选择辞职出来干这一行。”周皞谈到广告，眉梢扬起，有一种沉稳与笃定，“广告业的发展，是以一种青涩的方式，实践了‘中国梦’最为核心的理念，给个人提供公平的发展空间。在这个过程中，我享受的是挑战。”其实，很多人对广告的理解是不到位、不全面的。广告，一般分为五大类，包括纸媒、电视、广播、户外、网络广告等。这些广告涉及了我们生活、工作的方方面面，包罗万象。广告形式多，内容丰富，它像一桌丰盛的佳肴，细品糅杂，是各行各业所表露在外的文化，是各种文化的糅杂与碰撞。

因此，广告是大众的。做好广告，需要广告人尽可能地去调和众口。“干了这一行，我很少有休息的时间。我需要带着团队去和项目方沟通，在需求和艺术之间找到一个平衡点。”周皞介绍说。广告设计是一门艺术，开放与发展，创意与创新，是做广告的立身之本，也是这个行业的魅力所在。从广告的设计到成形，需要广告人精巧的构思，需要广告人精湛的技术，但这并不意味着可以任由广告人天马行空地发挥自己的艺术才华，因为它受到大环境和甲方条条框框的限制。看似自由洒脱的广告，其实是一种带着束缚的顺应潮流的时尚展示。“我们团队在做海虞项目的时候，遇到了很大的困难。项目方需要在有限的空间内，去完成包罗万象的设计，表现的造型需和谐呼应，其中包含社会主义核心价值观主题广场、宪法广场、党章广场和特色小镇广场；还得介绍当地‘五优’特色，与无忧小镇呼应。”设计师在整体设计时，采用红色元素串连，呼应初心广场的主题；造型力求简约大气，减少红色过满造成的视觉疲劳。负责人吴咏梅说：“整个项目反复修改与增加，整个工程从提案到完工历时一年。”广场造型简洁大气，其中宪法广场和党章广场是全市首创。“大道至简，平衡为美”，这是他们对做好广告的领悟。

闭门即是深山

迈克尔·柯蒂斯导演的电影《卡萨布兰卡》中有一句台词：“你现在的气质里，藏着你走过的路、读过的书和爱过的人。”广告，带着广告人的灵魂，藏着他们走过的路，读过的书，看过的电影……南门坛上是常熟4个历史文化街区中，清代民国格局风貌保留基本完整、近代以来建筑样式和类型最为丰富、传统商业特色尤为明显、市井风情至今仍很鲜活的历史街区，是常熟历史文化名城不可再生的重要载体。在做南门坛上这个项目的时候，周皞坦言道：“很多设计师感受最深的是书到用时方恨少，他们可能觉得自己设计出来的东西没有文化底蕴，有一种危机感，怕自己设计出来的东西承载不了南门坛上厚重的历史文化底蕴。”七溪流水皆通海，十里青山半入城。南门坛上，淌过悠悠琴川，青石板的街道里回响起橹篙声声，随着虞山上的轻烟薄雾，渐渐隐去。他的团队反复去现场考证，去图书馆查阅南门坛上的历史，包括去阅读一些常熟地方志、江南文化书籍等，尽力通过画面、建材等细节，精益求精地表达其中蕴含的文化因子。修缮开坛后的南门坛上街区，那一块块由远山、石街、青草构成的导览牌，延伸着历史，顺迭着足迹，指引我们去探求南门坛上背后的繁华。

闭门即是深山。闭门虽造不出车，但无用之学有大用。周皞很喜欢阅读，他的办公室就是一座学问的深山。每天茶余饭后，与同事一起聊聊读书感悟，这样的探讨总能不经意间触发创作的灵感，仿佛空山松子落，很多时候设计理念就是这样诞生的。

以精诚求真

2016年12月，常熟市广告协会经周皞等人发起，在江苏省广告协会、苏州市广告协会、常熟市市场监督管理局等上级单位的指导下成立。周皞成为首届常熟市广告协会的会长。协会围绕工作目标，以服务企业为中心，坚持抓自律，规范广告发布备案管理。行业的发展，离不开大家齐心协力做好城市品牌。广告打出去，协会走出去。就这样，在常熟市广告协会的组织下，各会员单位参加由江苏省广告协会举办的江苏省广告行业服务品牌紫金奖暨第24届优秀广告作品评选活动、由张家港举办的“张家港杯·文明城市·爱敬诚善美”主题公益广告作品创作大赛，成绩喜人。会员单位热情高涨，主动参加苏州市广告协会组织开展的苏州市广告协会成立30周年庆典系列评选活动。常熟市广告行业7名杰出人物参加评选，最终有5人分别荣获苏州市广告协会成立30周年领军人物奖、巾帼英雄奖等多项奖项。

周皞将提高行业水平视为己任，他深知会员的发展与管理是协会的组织基础，关系到组织的壮大以及行业组织在整个行业中的影响力。因此，他组织会员单位参加了由中国广告协会举办的2018年广告企业商标使用管理培训班，由江苏省广告协会举办的广告企业内部管理专题讲座等学习活动，由苏州工商局举办的全市广告人才素质提升培训班，并且邀请江苏省广告协会及行业专家来常熟举办了2018年广告审查员常熟地区培训班，直接培训广告审查人员120多人。他还组织会员单位参加每一届中国国际广告节，吸纳新技术、新工艺，了解行业前沿资讯和发展趋势，开阔行业视野，提升我市广告业发展水平。2017年，常熟市广告协会在创建全国文明城市工作中被常熟市委、常熟市人民政府授予集体三等功。周皞本人也荣获江苏省广告协会成立三十年行业发展显著成就奖，苏州市广告协会成立30周年领军人物奖。

身为中国民主同盟界的常熟市政协委员，周皞肩负使命，参政议政，从广告的视域出发，建言献策，让精致落到城市建设的细节中。家在常熟，坐拥尚湖。尚湖绿水青山，有着悠久的人文历史。自十九大以来，全民健身活动已成为新时代追求生活品质的渠道之一，尚湖环湖道也成了常熟市民喜爱的休闲去处。为了更好地提升尚湖周边休闲环境舒适感，周皞提出把景观照明和景观结合在一起的方法，增加环湖道的亮化设施，提高安全系数，让夜游尚湖有别样的风情。景区有着丰富的植物和鱼类资源，是近90种涉禽鸟类理想的栖息地。周皞建议根据尚湖地理环境因地制宜增设观赏平台，让市民零距离观赏湖光山色，方便摄影爱好者拍摄观察；与此同时，在景观平台周边增加相应的停车位，方便市民停车观赏，以免停在路边影响过往车辆。尚湖已成为常熟旅游标志之一，络绎不绝的游客、热爱自然的市民都会在此驻足。他还建议增设公共卫生设施，不仅能完善AAAAA级景区配套，更能服务广大市民与游客；同时开放周边企事业单位公共设施，在路边做好明显标志，缓解公共卫生设施紧张的状况，使公共设施循环利用，让尚湖真正成为常熟市民休闲踏青的好去处。

苔花如米小

“我能征服自己的身体，去跑马拉松；我用我的双足去丈量甘肃、贵州的大山。但我征服不了那种来自心灵的震撼。”周皞说起去山区的经历，动了感情，“‘苔花如米小，也学牡丹开。’我想为他们做点事情，让他们走出大山，看看外面的世界。”自2010年起，周皞开始结对资助甘肃、贵州的孩子，每月准时给他们打生活费，提供服装和学习用品等，每年都会抽空去看他们。同时，他提供资金给甘肃礼县白河镇竹林小学，完成学校的改造修缮。迄今为止，他一共资助了30多个孩子，涵盖小学、初中、高中和大学阶段，这些孩子遍布甘肃、贵州等地。据了解，周皞资助的孩子已经有很多考上了大学，毕业回大山里当了老师，教书育人，感恩传承，薪火相传。行走在大山中，他的眼前是望不断的崎岖，他的身后是数不尽的泥泞。即便如此，他还得走，将广告的内涵诠释得淋漓尽致。

书存金石气，室有蕙兰香。辞去安逸平淡，意味着选择了拼搏挑战。改革再出发，周皞将带领常熟广告界携创意“新声”，领跑广告未来。

从木匠到企业家的华丽转身

——记江苏金开顺服饰有限公司董事长周云华

◎王建华

他，常熟市第十五届人大代表，江苏金开顺服饰有限公司董事长。他，儒雅睿智，一举手一投足都让人感觉到他胸怀丘壑、运筹帷幄。他，心中装着企业、装着员工，更装着社会责任。

他，就是周云华。

在他办公室外的楼道里，挂着满墙的奖牌。这些，都是金开顺获得的种种荣誉的证明。办公室门口，有时任中国纺织工业联合会会长杜钰洲的题词：走创新之路。这，也是周云华人生道路上的座右铭。

采访时，他说的第一句话是：“我原本是个木匠，是改革开放给了我舞台。”

开启金开顺的品牌之路

在周边人看来，周云华的金开顺发展得非常顺利。周云华先是在吴市汪湾村的爱旎羊毛衫厂工作。1988年，他成立了合资的华盛厂，并销售自己生产的产品。1991年，他将华盛改名为开顺，还申请了“开顺”商标。之后，他将主要产品升级为羊绒衫。2003年，他成立了江苏金开顺服饰有限公司。

为何取名“开顺”？在周云华看来，“开”是开拓，创造的精神；“开”是海纳百川，开放的胸怀；“开”是开诚布公，与人坦诚相见的态度；“开”更是基业长青，企业永续的美好祝福。“顺”是希望企业在一次次挑战中顺风顺水、事事顺利；“顺”是顺应，是人与服饰的和谐，是人与人的和谐。周云华说，用开拓的精神、开放的心态去创造和谐的生活，这就是“金开顺”的追求。

这位从木匠转型而成功的企业家，从一开始就秉承着匠人之心，将产品质量看作企业发展的重中之重，造就了企业一步步的成功。周云华回忆，那时候上海等地人都到吴市小市场拿货，他所在工厂的产品质量很受认可。有时他去晚了，大家都会等；他货带少了，大家还要求他回去再拿。此后，碧溪羊毛衫市场成立，周边的羊毛衫生产厂家渐多。在他看来，要在竞争中胜出，产品质量是根本保证，产品的竞争力则源于创新。他想尽办法解决羊毛衫的两大弊病，一是洗涤后缩水问题，二是起球问题。当时，客户频频上门订货，很多时候供不应求。

周云华说：“品牌是一种对客户负责任的态度，一种信誉，一种持之以恒，一种可持续发展。”创办企业伊始，他就决定要做高端产品。因此，从原材料采购，到生产工艺，再到内部管理，他都亲力亲为，确保产品高质量。

随着企业规模越来越大，周云华发现产品质量极大地受制于原材料，如果毛线质量好一点，毛衫的退货率就低一点，销售量也随之提高。因此，控制原材料质量成了当时金开顺的发展策略。金开顺的羊毛原料来自澳大利亚，羊绒原料来自国内的内蒙古、西藏和陕西等地的牧场。为了选择上好的原材料，周云华经常要自己去牧区查看，与当地牧民交流，了解哪个地方土壤肥沃，哪个地方草质鲜嫩，精心挑选质量上乘的原料。从牧民手中购得原料后，他又和供应商一起关注分梳、纺纱和染纱工艺，确保毛纱质量。

金开顺采用国际标准组织生产。周云华还主动与意大利纺织服装工业协会、东华大学等加强合作，选用世界先进的毛衫加工工艺。据他介绍，金开顺善于站在客户的角度去思考问题。比如内衣对色彩的要求不高，它不会经常受到摩擦，但讲究的是舒适；如果加工外套，则无须过多考虑舒适度，但一定要确保毛衫色彩鲜艳、抗起球等。

品牌也是需要在技术层面不断提升的要素之一，是精心设计、精致生产和严格管控的紧密结合。金开顺目前在上海和英国分别成立了设计公司，聘用数十名高端设计人员进行服装设计，并在常熟本部生产后，返销到上海和英国，定期征集反馈意见。此外，公司在技术方面不遗余力，申请了“抗起球发明专利”，这对传统羊毛衫企业而言是一项了不起的专利。

营造时尚生活方式

你若问周云华，金开顺未来将如何更好地发展？他微微一笑便一语道出：“其实我一直在思考如何打造‘金开顺时尚生活方式’。”这是他时常出差，奔波于国际、国内各地，在旅途中考虑到的。

“在营造时尚生活方式方面，中国人起步较晚，现在我们才开始考虑。”周云华说。

周云华回忆，十几二十年前，他在上海的机场，通过背影很容易辨别出在黄皮肤和黑头发的人群中，哪些是日本、韩国人，哪些是中国人，因为那时候的中国，大部分人的生活水平还不高，对如何优雅、有品位地穿戴，尚没有自己的想法。那时候的羊毛衫织法也只有平板针织。之后，随着生活条件的逐步改善，百姓开始讲究衣服的版型。到现在，无论城乡，百姓的生活水平有了大幅度的提高，对穿着的要求也越来越高，讲立体、讲效果，并希望通过衣着来展现最美的自己，通过衣着展现自己在不同场合的独特的气质和个性，从而真正实现优雅时尚的生活方式。

目前，金开顺在苏州周边城市打造品牌时尚体验店。无论你走进金开顺的哪一家体验店，都有走进国际高端品牌店的感觉，都会为店铺的展示风格、服装的设计、色彩的搭配而喝彩。顾客走进体验店，就能享受穿衣顾问的贴心服务。金开顺开创了服装行业店铺请顾客亲身体验的营销方式，店里环境舒适、货品时尚、服务贴心。这样的体验方式，使顾客更深地了解品牌，更加喜爱品牌。

营造时尚生活方式，周云华依靠的是整个团队。他不仅在日常工作中对他的管理层认真指导，同时还不断引导团队甚至生产一线的员工继续学习，提升全员的审美观和对质量的认识。

“我希望金开顺的所有员工都能判断得出一件衣服是否入得了潮流，质量是好还是坏。”周云华用朴素的语言道出他在内部管理中是如何推广“时尚生活方式”文化的。他要求管理层人员都要熟悉高端时尚奢侈品品牌；他组织内部晨会，并邀请员工共同分享这些品牌的内涵，指出这些品牌在设计风格和工艺方面的优秀之处。他强调：“不能照搬，但要超越。”他时常邀请国内知名技术管理专家到金开顺工厂，为员工做培训；带着公司销售人员到上海的高端品牌店，让他们感受国际品牌的服务的独特之处。

他说，服装是有灵魂的。中国人讲究快，但实际上只有精工细作、慢慢成就的产品，才更加有生命力。由精美服饰营造出的时尚生活方式，也恰恰是要感受“慢”的美，比如要先研究人体工程学，再着手设计；要先考虑毛纱是否缩水，再考虑采用何种工艺。

责任与担当一肩挑

在周云华看来，人大代表意味着责任。他将作为企业家的责任和身为人大代表的责任有机结合在一起，思考如何带领企业发展得越来越好，在此基础上积极履行企业的社会责任，为经济发展贡献力量，为百姓呼吁。

周云华还是常熟市纺织服装协会副会长。作为行业协会带头人，他以实际行动为行业做贡献。他对毛衫行业最大的贡献是，将他花了四个月悉心研发、成功纺制并一举打响市场的毛纱制作工艺，无偿推广给本地其他公司使用。

他关注所在区域学生的健康成长和德智体美劳全面发展。一次，周云华无意中听浒浦高级中学的冯校长说起，学校里总有几名学生最晚去用餐，冯校长一直百思不得其解，于是观察了好几天，发现这些都是家庭条件非常困难、生活费很少的孩子，他们常常等到同学们吃完饭，才到窗口买一些素菜。周云华听到后陷入沉思。他说，人们常常觉得常熟是鱼米之乡，也属于经济比较发达的地区，没想到还有这样令人感叹的贫困家庭。他当即决定，每年捐资10万元，在浒浦高级中学设立奖学金和助学金，奖励学习成绩优异的学生，资助家庭贫困的学生。这样的捐助，周云华自2012年起，已连续进行了7年。

汶川地震那年，周云华捐助了50万元。每年，只要有需要，他都会毫不犹豫地捐助钱款和物品。这样的例子，不胜枚举。

他关心新市民子弟学校，提出建议鼓励政府部门多渠道投入、多种体制办学，确保新市民子弟学校的办学规模，并通过政策倾斜，促使学校改善办学条件，提升教育教学水平，努力让每个适龄儿童享受公平、优质的义务教育。

他提出，针对一些新市民子弟学校教育教学设施陈旧、专用教室设施配备滞后的现状，通过适度的奖补方式鼓励学校对现有的教育教学设施进行更新换代，重点是完成现代化教育设施设备的更新；同时，要在新市民子弟学校中全面推进校安工程，通过政府、民间资本的合力，对不合格校舍进行改造，及时封闭危房，确保师生安全。

他还建议，要通过政府相关部门的协调，实现新市民子弟学校与公办学校结对，由公办学校派教学骨干去新市民子弟学校支教，或双方互派交流教师，或共同举办教学研讨活动、共同参与教科研活动等，努力提高新市民子弟学校教师的专业层次和教学业务水平。

靠市场之手给思维“调频”

——记常熟长城轴承有限公司董事长朱克明

◎邓明辉

1982年7月，朱克明从江西冶金学院（现为江西理工大学）冶金系有色金属压力加工专业本科毕业。同年9月份，他被分配到河北涿县（今河北省涿州市）冶金部铝加工研究所工作。1984年初，他被调至中国有色金属工业总公司青岛铝加工厂，工作了八年。1991年，他被调回常熟，先后在常熟机械冶金工业公司、中外合资常熟长江铝业有限公司、常熟机械冶金工业局工作。1998年3月，他被调至国营常熟轴承总厂工作至今。

自踏上工作岗位至今，朱克明一直从事冶金、机械工程的技术和管理工作，于1995年8月经江苏省机械工程高级专业技术资格评审委员会评审确认取得高级工程师资格，2016年取得研究员级高级经济师资格，2018年取得研究员级高级工程师资格，并被邀请加入江苏省经济专业高级专业技术资格评审委员会。

高起点高要求　致力于打造百年企业

朱克明是民主党派中国民主建国会会员，现任常熟市政协委员、常熟市工商业联合会会长、常熟市总商会会长，是苏州市劳动模范、苏州市人大代表。在政治思想上，他对自己严格要求，积极参加各项政治活动，自觉学习党的理论、政策，努力提高自己的政治理论修养，思想上、行动上同党中央保持一致，积极参政议政，发挥好政协委员和人大代表的作用。在工作上，他以事业为重，公道正派，作风踏实，讲求效率，摆正位置，不计个人得失，致力于发展我国的轴承制造产业，把公司的轴承产品打造为世界品牌，把长城公司建成百年企业。他注重学习，及时了解和掌握轴承行业发展动向，勤于思考，工作思路清晰，能把科研管理的一般理论同产品研发工作的实际情况相结合，精心组织开展公司各项科技项目、技术改造和新品研发工作，具有强烈的敬业精神和奉献精神。

调结构求创新 省内位居行业第一方阵

1998年3月，朱克明从常熟市机械冶金工业局副局长、机电研究所所长岗位调至国营常熟轴承总厂任厂长。2000年，在市政府的指导下，国营常熟轴承总厂改制为民营股份制企业常熟长城轴承有限公司，朱克明担任公司董事长、总经理，现任常熟长城轴承有限公司董事长。

在工作中，他带领领导班子团结奋进、开拓创新，在公司内部管理上，不断完善法人治理结构，不断调整和健全组织机构；严格遵守国家法律法规，坚持依法治厂，完善现代企业制度；执行国家产业政策，每年坚持投入技术改造资金，加大科技创新研发力度，不断调整产品结构，把研发生产能够替代国外进口产品的高精度轴承作为产品发展的方向，坚持走“专业化、精细化、特色化、新颖化”企业发展之路。

在工作中，他不断创新管理机制，完善各类人员的绩效评审、绩效激励考核制度，坚持以人为本，逐步培养了一支有创新活力的管理干部队伍、产品研发队伍、技术工人队伍，为企业持续、快速发展提供组织保障和人才保障。

在他的带领下，公司不断发展壮大，取得了骄人的成绩：

企业经营发展成果。通过二十年的努力奋斗，公司销售收入由原来的3000万元增长到现在的65000万元，增长了20.7倍；利税总额由原来的260万元增长到现在的6000万元，增长了22倍；总资产由原来的7300万元增长到现在的73000万元，增长了9倍。总体来说，企业一直稳定持续发展。

企业行业发展地位。据2017年度中国轴承工业协会企业综合统计排行榜显示，轴承产品销售收入（总量）方面，目前常熟长城轴承有限公司排行第二十三位（比上年度第二十五位上升两位），在江苏省轴承行业中的规模、销售收入名列前三，企业各项经济、技术指标达到行业先进水平。此外，常熟长城轴承有限公司是中国轴承工业协会常务理事单位。

企业科技研发能效。公司建有省级企业技术中心、省级工程技术研究中心，参与国家火炬计划项目1项，参与制修订国家标准、行业标准14项，目前拥有江苏省高新技术产品19个，拥有授权专利67项，其中授权发明专利11项。公司多款产品被评为国家重点新产品、江苏省优秀新产品，7项科技研发成果获得中国机械工业科学技术奖。

重科技善合作　产品转型升级获殊荣

大学毕业以后，朱克明先后在冶金部铝加工研究所和常熟机械冶金工业局机电研究所工作过，长期在机械工程岗位上从事技术研发和技术管理工作。担任常熟长城轴承有限公司总经理后，他还担任公司的省级企业技术中心主任，领导公司技术人员改进、提高传统的深沟球轴承技术，不断开发各类具有国内领先、国际先进技术水平的专、精、特轴承，组织产品研发和转型升级，先后承担了国家、省、市级多项科研及攻关项目的研究，在机械制造特别是轴承数字化设计、研发与制造方面取得了多项成果。

他利用先进制造技术，结合市场需要，进行柔性模块化技术装备的重组。在数字化制造已经获得较大规模应用的今天，市场对轴承制造业快速响应需求的要求不断提高。在组织生产的过程中，他感到需要对公司轴承制造装备进行以柔性模块化为指导思想的装备重组，这样才能适应公司产品向高端轴承方向的转变，为此他主导了公司在先进制造技术应用下的柔性模块化装备的重组工作。这包括在轴承套圈的车加工和磨加工工序中，分别应用数控生产线或柔性模块化装备来替代原有的生产线，在装配过程中采用自动装配线等。特别是针对应用于铁路机车、大型装备的中大型轴承套圈的高效率数控车削问题，他在调研国内外相应装备的基础上，提出自主研制中大型轴承套圈专用数控倒立式车床来解决。当这一项目被列入苏州市科技计划项目后，他提出了项目总体设计所需车削功能要求，并和常熟理工学院开展项目合作，同公司的相关技术人员一起，完成了样机的设计制造，并在该新型装备上采用倒立式装夹典型轴承套圈进行了数控车削，取得了十分理想的效果。该项目在2009年通过了苏州市科技局主持的科技成果鉴定。鉴定结论指出，该项目将数字化设计中的Top-Down（自上而下）方法、三维几何建模和仿真技术、动力学和运动学以及有限元分析等理论应用于该机床的研究与开发过程，在机床总体结构、主运动和进给运动配置及运动平衡、自动上下料系统等方面具有创新设计，有效解决了中大型轴承套圈精密车削过程中存在的精度与效率等问题，在研发用于高端轴承制造的数字化装备和相应的工艺技术方面，取得了重要成果。该机床在倒立式总体结构设计、主轴的低速大扭矩性能、主运动的平衡方式、进给运动的快速性、机床操作的自动化程度和节能降耗等方面达到国内领先水平，其中中大型轴承套圈实现数控精密车削的柔性制造单元设计，为国内首创。“轴承套圈专用数控倒立式车床的研制与开发”项目获得中国机械工业联合会、中国机械工程学会联合颁发的2009年中国机械工业科技进步三等奖。

新形势新使命　全力推进智能制造改建工程

依据《中国制造2025》提出的推动制造业十大重点领域突破发展的要求，朱克明从公司产品已进入的市场领域和研发生产的实际情况出发，把涉及国家七个重点发展领域的关键配套轴承作为公司在“十三五”期间重点研发、拓展的产品，在产品设计、产品精度、可靠性、寿命上要有所突破，并以此作为产品调整、转型升级的方向，作为公司助力实现国家“十三五”发展目标的产品着力点和市场支撑点。

“十三五”期间，公司继续推进智能制造的改建工程，通过引进美国Infor公司的ERP软件LN，构建以LN为核心的柔性智能制造系统，实现各子系统之间的互联互通和协调作业，打造长城轴承智能制造的信息化平台，实现智能服务客户、智能制造、智能物流和移动管理智能化等。

公司依托省级企业技术中心和省级精密化纤设备专用轴承工程技术研究中心两个研发平台和团队，运用并发挥好公司聘用的国内外专家团队的作用，已与洛阳轴承研究所有限公司、清华大学、北京航空航天大学、河北工业大学、东南大学、哈尔滨工业大学、河南科技大学、常熟理工学院等科研院所签订产学研合作协议，优势互补、协同创新，组建产学研项目联合体，主要围绕“十三五”重点研发、拓展产品的技术研发、产业化、智能制造等开展各项活动。

目前公司已经在开展的研发项目有高端数控机床领域的精密高速机床主轴，新能源领域的高效轻量化大功率发电机用轴承、车用小型燃气涡轮发电机空气轴承，农业机械领域的高端农业机械专用轴承，等等；已经进入产业化、工程化推广的项目有工业机器人轴承、高速度长寿命纺织设备系列轴承、轨道交通装备领域的各精密零部件等。

公司参加了工信部公开招标的“2016年工业强基工程”中的“工业机器人轴承”项目，经权威专家评审，在行业七家投标企业中以最高得分中标。该项目设备投入9000万元，总投资12000万元，实施期限为2016年5月—2018年12月。项目产品技术目标：工业机器人RV减速机轴承、谐波减速机轴承、等截面薄壁轴承、薄壁交叉圆柱滚子轴承四类轴承，产品精度P4级，使用寿命6000小时以上。项目产业化目标：替代国外进口产品，实现产品销售40万套。

特殊贡献经济人物

12年成就企业发展梦

——记原无缝钢管厂厂长金礼才

◎冯碧珩

现年84岁的金礼才是原常熟市无缝钢管厂厂长，在1986年到1997年间，他带领无缝钢管厂全体员工艰苦奋斗、不断开拓创新，使得企业实现利润最大化，走上了一条快速发展之路，谱写了一首改革开放勇于实践之歌。

常熟市无缝钢管厂于20世纪60年代建厂，由于当时江苏省生产钢管的厂家少，企业销售情况很是不错。但是随后各地同类企业发展起来，市场竞争十分激烈。到了20世纪80年代后期，无缝钢管厂的销售情况大不如前，经营比较困难，需要一个掌舵手带领企业寻找到新的增长点。

金礼才成了最佳人选，因为他从部队转业到常熟后，曾出任磁性材料厂、轴承厂的党支部书记和党总支书记，其间，他与厂领导一起带领厂里的员工提高生产水平，攻占市场，让企业走上了发展的快车道，展现出了他的管理能力。1986年5月，金礼才受聘出任常熟市无缝钢管厂厂长。

一进入无缝钢管厂，金礼才就立志要改变企业现状。他首先从管理上下功夫，凝聚人心，共谋发展。他通过细心观察、倾听职工心声，发现交通出行、日常喝水等问题让不少职工觉得困扰。原来，从杨家桥到钢管厂那段2公里不到的道路是条坑坑洼洼的土路，职工出行晴天一身灰、雨天一身泥，而且这条路对产品运输也造成了影响。他立即召开会议，说服企业领导班子出资，和乡里一起修了12米宽的水泥路，解决了职工出行和产品运输问题。那时候，厂里职工喝水也不方便，自来水管只接到杨家桥附近，没有延伸接入钢管厂，平时职工只能喝井水，很不卫生。金礼才决定厂里出资30万元来解决这个问题。为此，他还组织工作人员去无锡购买水管，这才顺利将杨家桥的自来水接到了钢管厂。职工们看到厂里为他们一一解决困难，都觉得有奔头、有干劲了。接下来，金礼才推出了新举措来进一步激发职工的工作热情。当时厂里还存在吃大锅饭的现象，职工干多干少收入都一样，这是当年计划经济的派生产物。为了彻底改变这一现象，金礼才推出企业效益与职工劳动报酬直接挂钩的激励机制。之后，他又推出职工自选生产定额的竞争机制，为每个生产岗位分别制定基本定额、超产定额、奋斗定额三个标准，由职工根据自己的能力和意愿任选一种，然后公布执行。在这个制度的激励下，人人不甘落后，纷纷选择超产定额或奋斗定额，竟然无一人选择最抵的基本定额。职工积极性调动起来了，全厂上下掀起了你追我赶的劳动热潮。

在提升职工工作积极性后，金礼才又在管理上下功夫。平时他就以身作则，不辞辛劳，常常在厂里各个车间进行巡查，发现问题、纠正问题。一天，他如往常一般来到碳结构钢管车间进行安全检查，发现一根定尺化工专用钢管上没有编号铁牌。要知道，少了这个铁牌，容易出现钢管混钢问题，造成质量隐患，后果不堪设想。在金礼才看来，出现这一根暗藏质量安全问题的钢管，就说明生产管理上存在漏洞。他在限时要求生产骨干找到症结所在的同时，立即让厂部制定出了一整套检验管理制度，并随后成立了中心实验室，进一步完善生产管理制度。

与此同时，金礼才明确奖惩制度，对违反制度的职工按规定进行严惩。有一次，厂里发生了一起操作不当造成管子裂缝的质量事故。金礼才得知后，毫不客气地对直接责任者做出了降两级工资和扣去当月奖金的处分。

在对职工严厉的同时，他对自己也毫不放松。一次，厂节能查岗小组发现他外出时没有关掉办公室的电风扇。在讨论处罚办法时，有人替金礼才辩护，金礼才自己却态度明确，他立即按照规章制度缴纳罚款，并按规矩将自己的名字也写在违章人员名单上，一起上榜公示。在他以身作则的引领下，厂里工作人员也严格要求自己，厂区里再看不到串岗聊天的人，大家工作起来也更加认真细心了。

人心聚起来了，管理也理顺了，金礼才就着力解决产品销售问题。当时钢管企业增多，同类产品竞争激烈。他首先在现有产品的质量上下功夫。他组织人员前往优秀企业参观学习，对原有产品进行技术攻关，提升产品质量，打响品牌；同时开始着手改变企业产品结构单一的状况，提升产品档次，开发不锈钢管。

当时全国生产不锈钢管的企业很少，技术难学。金礼才到处找关系，希望能寻觅到解决新产品技术难题的良方。冶金工业部生产司的一位高级工程师在了解金礼才的需求后，介绍他前往大连无缝钢管厂参观学习。当时的大连无缝钢管厂是中日合资企业，技术领先。得到信息后，他立即赶回常熟，带领技术人员前往大连无缝钢管厂参观学习。回来后，技术人员就开始进行试验，摸索制作方式。要想生产出合格的不锈钢管，就要克服两个难题：一要精确掌握穿孔温度，误差前后不能超过20摄氏度；二要解决顶头的制作工艺难题，要确保强度达到标准要求。技术人员在金礼才的带领下不断进行尝试，在车间里围着冷轧机、冷拔机、穿孔机打转，寻找最标准的制作方式。经过两年的攻坚战，技术人员终于克服了难题，生产出了第一批高质量的不锈钢管。该产品可以应用于化工、医疗等领域，属于当时的紧俏产品，一时之间销量非常好，各地企业都赶来购买。

不锈钢管产品一炮打响后，江浙地区很多钢管厂都纷纷赶过来参观学习，不少企业也开始进行同类产品的研发生产。眼看生产不锈钢管的企业多了起来，金礼才立即转换思路，决定再一次对产品进行提档升级，研发轴承钢管。在技术人员自行研发的同时，他又赶赴北京，向冶金工业部生产司的专家求助。对方对金礼才这样不断追求、突破创新的劲头很是支持，又牵线搭桥，介绍金礼才前往大连参观学习。有了学习的方向，金礼才立马组织技术人员又赶赴大连观摩。回到常熟后，整个技术团队又铆足了劲开始进行研发工作。两年时间过去了，优质的轴承钢管顺利实现批量生产，无缝钢管厂又增加了一个拳头产品。该产品推出后供不应求，一时间江浙地区的轴承厂都赶来进货，连金礼才的家里都坐满了前来求购的企业代表。当年，企业效益就获得了新突破，年利润超过了2000万元。

就是在这种探索中求发展、发展中求提高的改革创新激情的引领下，无缝钢管厂产品不断升级。到1997年金礼才退休时，无缝钢管厂已经拥有冷拔不锈钢管、低合金管、柴油机用高压油管、冷轧精密管、轴承钢管、合金管和中低高压锅炉钢管等8个系列100多种规格的产品，形成“薄、小、精、细、特”的产品特色，并达到年产各类钢管20000吨的规模。在他担任厂长的12年间，企业的固定资产、产值增长了数倍，销售收入累计8.83亿元，实现利润8302万元，企业净资产由他任职前的759万元增加到9918万元，向国家和地方上缴税收等高达6175万元，职工工资、福利年年稳步提高，为企业进一步发展打下了坚实的基础。金礼才也获得了江苏省劳动模范、江苏省优秀转业干部、江苏省优秀企业家、冶金工业部优秀个人等荣誉称号。

从农民市场到最大商城的演变

——记原常熟招商场总经理马盛元

◎陈竞之

马盛元的故事，还要从“马路市场”说起。

常熟素来被称作“针织服装之乡”，早在20世纪80年代，全市已有针织、服装企业5000多家，年产值达50亿元。地处沪宜公路和苏十王公路交会点的琴南乡湖泾村自发形成了“马路市场”，成了服装和针织品的集散地。1985年，琴南乡与湖泾村集资60多万元联办常熟招商场，在玻璃顶棚的市场里设置了400多个固定摊位，常熟招商场从此诞生。

1990年，马盛元40岁，被任命为常熟招商场总经理。在改革开放的春风吹拂下，他的人生篇章就此和这个“中国农民第一集市”绑定，并因此奏响了嘹亮而悠长的宏伟乐章。

从脏、乱、差、挤到近悦远来

马盛元走马上任时，刚兴起的招商场尽管完成了从马路到大棚的蜕变，不再挤占交通要道，但还是处于发展的初级阶段，商品品种单一，年成交额徘徊在20亿元左右，年利润不足300万元。

当时适逢市场疲软期，马盛元察觉到了经济形势的严峻，研究并采用了薄利多销、批零结合、收集信息、服务配套的对策，营造出良好的经营环境。

这样一来，购销两旺的招商场与低迷的市场行情形成了鲜明对比，在常熟工商界独占鳌头。时任全国人大常委会副委员长的费孝通考察后给予高度评价，说常熟招商场是农民进入流通领域的成功典范。

1992年，邓小平同志的南方谈话和党中央发展第三产业的精神，给招商场加快发展带来了极为有利的时机。在新的机遇面前，马盛元筹谋着下一盘“大棋”。

当时的招商场，是破旧、低矮又拥挤的脏、乱、差市场，场内通道狭窄、人车拥挤、秩序混乱，打架斗殴时有发生。马盛元立志改变这一状况。他深知，常熟招商场就是一座联结生产与消费的桥梁，“生产依靠千家万户，销售面向五湖四海”，市场要发展，就必须做到“近悦远来”。吸引大量的经营者，这是市场的重要支撑点。而管理，不是简单地向经营者收取税收和管理费，而是要为经营者创造一个宽松、有序、文明、方便的环境，让大家在经营的过程中宽心、放心、称心。

他深知，市场经济是拼搏经济，市场时时处在危险之中，商场如战场，必须有危机感。为此，他要求全体干部、职工要牢固树立竞争意识、拼搏意识，一方面要以严格的科学态度管理好市场，另一方面要以坚定不移的奋发精神发展好市场，把商场越办越兴旺。

在马盛元的组织领导下，招商场制订了市场发展的改造计划。之后，从1992年到1997年，共分三期工程投入改造资金4000万元，改造面积达25000平方米，使昔日的老市场出现了蓬勃向上的新面貌。为了扩大商品的成交额，他大胆提出了商品的划行归市，在市场内逐步实行了商品归类、归行、归市，形成了服装、布匹、羊毛衫、床上用品、箱包、小商品、五金、电器等28个专业市场，并在此基础上加大投入，强化市场服务管理，努力使市场向高品位、高档次发展。

为了保持良好的经营秩序，马盛元领导一班人又推行了一系列富有创造性的规范化管理方法，组织开展打击假冒伪劣商品的活动，举办文明经商户学习班，在市场内部开展“信誉升级”活动，把规范商场管理和精神文明建设紧密结合起来。为了实现优质管理和优质服务，他领导建立健全了各级岗位责任制，落实到人的百分考核制和总经理负责制，构建了划片分区、分段管理、一级抓一级的管理网络。同时，他还逐步推进依法自治，制定有关守则和制度，始终坚持亮证经营、明码标价、文明经商、礼貌待客，提倡重质量、讲信誉、产品上档次、竞争公平化，为招商场实现又好又快的良性发展创造了良好条件。

从马路市场到招商之城

招商场逐渐成为经营服装、鞋类、小商品等的综合市场，有1万多个摊位和门店。1992年以来，招商场边上如众星拱月一般出现了一批专业市场。这些市场有部门办的，也有外商办的。常熟市还专门成立了党、政、经一体的管委会，对各市场既提倡分工，又提倡竞争。招商场在竞争中也不客气，能兼并的照样兼并。

为了增强招商场的发展后劲，扩大规模，马盛元大胆决策，先后花了1.1亿元买下了万有商厦、万达商厦和海虞市场，增强了招商场的发展实力。从招商场到招商城的发展中，马盛元依托市场产生的效益，先后投入建设资金1.8亿元，不断改善经商环境，并带动了交通、电讯、金融、房地产、餐饮业的发展。招商场逐渐呈现出布局合理、设施配套、经营规范、管理有序、文明安全、环境整洁的崭新局面，一流的管理、一流的服务，吸引着全国各地客商纷至沓来。

针对招商场有人私下炒卖摊位的不良现象，为了提高店铺招租的透明度，确保集体资产增值，马盛元积极推行了“调位门店公开拍租”的措施。1997年起，招商场先后通过三次公开、公平、公正的门市部拍租，使集体增加了3000万元的拍租收入，又将这些收入全部用于改善经营环境，扩大经营规模。门店拍租杜绝了“开后门”现象，不仅有效地刹住了不正之风，又引进了大批经营能手，还给商场注入了活力，为商场再上新台阶奠定了基础。

从20世纪90年代到21世纪，招商场的开发、建设、经营、管理各项工作均实现跨越式发展，固定资产增值至3亿多元，商场占地面积从128亩发展到300多亩，商楼建筑面积达20万平方米，门店近万个，商品年成交额突破76亿元，商场年利润1500多万元，年上缴税收达5000万元。招商场吸引了全国近1000个县、县级市的客商前来交易，日均人流量超过10万人次，市场繁荣，生机盎然。

富而思进长盛不衰

21世纪到来之时，在招商场基础上发展起来的常熟招商城已成为全市第三产业的“龙头”和地方经济的支柱。据统计，招商城有2万多个摊位，按每个摊位2个从业人员计算，就解决了4万多人的就业问题，更何况还有依托市场的生产基地和围绕市场发展起来的第三产业。1999年，招商城实现成交额1.16亿元，利税1.2亿元，间接效益则更加可观。

随着全国各地大兴市场，专业批发市场的竞争日趋白热化。中国加入世界贸易组织后，专业批发市场也将面临新的挑战。针对这一系列新情况，马盛元没有一天停止过思考和探索。在他的带领下，招商城开展了全国规模的21世纪批发市场发展战略研讨会，国务院发展研究中心专家、东华大学教授以及全国各地批发市场的代表汇聚一堂，共同为服装批发市场在21世纪的发展献计献策。会后，他带领招商城领导班子组织市场考察团，分别对浙江义乌、辽宁海城、福建石狮、山东临沂、武汉汉正街等地的市场进行实地考察，沟通关系，招商引客。

他认为，市场要发展，不能光坐等，而要主动出击，早日由规模型向效益型转变，由外向延伸向内涵挖潜转变。经济的飞速发展，人民生活水平的大幅提高，为品牌经营的发展提供了机遇。招商城确立了“提高经营品位、增强精品意识”的新战略，这也是他一以贯之的经营理念。

2000年以来，招商城一方面继续改善经营环境，规范管理，抓划行归市，搞区域特色，以增加竞争力；另一方面鼓励经营者按国际流行方式，做各类名特优产品的总代理、总经销，逐渐替代过去的代销制。为适应新的形势，招商城又继续改造一部分市场，吸引更多的能人和各个名牌产品生产厂家进驻。他们还动员个体户就近发展生产基地，减少中间环节，使价格更有优势，质量更有保证。这样一来，招商城的商品质量和档次提高了，而价格的优势还是没有丢。

在同事们的眼中，招商城能够多年来持续发展，马盛元功不可没。他爱城如家，十年如一日，每天坚持上班早到、下班晚走，一年365天都在工作，放弃节假日休息，为商城的稳定、发展、繁荣倾注了大量的精力和心血。他对自己严格要求，在荣誉面前，在赞扬声中，他始终谦虚谨慎，不骄不躁，任劳任怨。

他在任的十多年间，招商城从1992年起连续被国家工商总局评为全国文明市场，1994至1996年被江苏省工商局评为文明市场，1995年被评为江苏省工业品十大市场之一，被常熟市人民政府评为十大专业市场之首。而马盛元1994年被推荐为江苏省市场经济研究会第一届理事会理事，苏州市市场管理协会常务理事、副会长，1999年获得常熟市三产先进个人荣誉，连续多年被授予镇优秀经济工作者称号。

艰苦创业促发展

——记江苏秋艳集团有限公司原董事长潘炳福

◎张怡心

在中国休闲服装名城常熟，秋艳集团在同行中被称为“启航式”的企业。在3000多家服装企业中，秋艳集团早在20世纪90年代就拿下了江苏名牌产品和江苏省著名商标的荣誉，并在国际大都市上海创下3个销售额超千万元的记录。它是中国服装界“双百强企业”，中国服装协会首批会员单位之一。它是一个传奇式服装王国，被称为服装界的“黄埔军校”。

在这里有个领军人物，他就是秋艳集团原董事长、全国著名企业家——潘炳福。

经历50多年发展的秋艳集团，有过辉煌；面对无情的市场竞争，也有过沉默……

1972年10月，潘炳福受命接下了一个“烂摊子”——仅有16名职工的王市服装缝纫社。常言道：砻糠搓绳起头难。潘炳福深知这句话的含义。之所以难，就难在第一步怎么迈。潘炳福反复思忖着。他认为，缝纫社要改变面貌，得在改进生产工具上动脑筋。经过一番考虑，他决定把搁置的10台“上工”牌缝纫机的机头改装成电动传送带，这样既提高工效，又可减轻劳动强度。在潘炳福带领下，全体职工克服了无资金、无电源等困难，硬是用自己的双手，夜以继日地干，终于安装试车成功。这一小小变革，结束了多少年来落后的小手工业缝纫的生产方式，在当时的王市镇可谓破天荒。

电动传送带替代脚踏缝纫这一变革，“带”出了个新问题，那就是单靠承接当地居民来料加工已不能“填饱机肚子”，还得承接一部分外来加工业务，否则，职工的温饱问题仍难以解决。潘炳福通过多方联系，终于从县服装一厂接到一批衬衫加工业务。但是，当时王市地处偏僻，交通不便。为了保证生产，每天清晨，潘炳福都要徒步去县城背面料，傍晚再送货，来回行程四五十公里，不论严寒酷暑、风雨雪落，他都咬紧牙关坚持了下来。一年后，缝纫社开始出现转机并有了盈利。

1974年6月，潘炳福为了扩大生产规模，利用仅有的8000元钱，带领由10多名青年组成的突击队，一天扛五六吨水泥，还有4米长、500多斤重的水泥楼板，搬运、装卸全部自己干，硬是在平地上造起了二层楼。到1974年底，工程终于竣工了。1975年元旦，全体职工放假休息，而潘炳福仍坚持着清扫、排车，直至深夜。1976年初，他去了15趟常熟城，终于接回了常熟二级纺织品批发站的一批加工业务。从二级纺织品批发站拉回面料后，他们开足马力，没日没夜地干。年终结算，这笔业务获利润12800元，人均月收入70余元。以后，缝纫社的创业之路相对平坦了许多：1977年，利润翻了一番；1978年，利润猛增至19万元；1982年，利润60余万元；1985年，创产值1024万元，职工增至400多人；1987年，有了自己的品牌“秋艳”。就这样，秋艳人在潘炳福的带领下，艰苦奋斗，一步一个脚印，逐步把企业做强做大。

潘炳福常说：“质量是秋艳服装之魂，我们必须追求质量，做出一流的产品，才有立足之地。”他是这样说的，也是这样做的。他提出服装出厂如有质量问题实行包退、包换、包修的“三包”服务承诺。正是他的质量意识，才使秋艳服装以精细的做工、优越的质量在市场上赢得了声誉。

自秋艳品牌打响以来，潘炳福采取了步步为营的策略，在充分分析市场前景的基础上，逐步发展。

每年无论多忙，潘炳福都要自己去外地研究流行趋势。外面流行什么，市场将流行什么，他都能做到心中有数。

潘炳福不片面追求流行，甚至逆向而取。他了解流行趋势，但要求在服装设计时尽量避开常规思维。这样做的结果是，众多服装企业拼命研究流行趋势，争相推出大同小异的新型款式，但流行来得快去得也快，造成了产品大批积压和资金周转困难。而秋艳则不同。由于潘炳福的设计思维总比流行“慢”一拍，占绝对比例的消费者反而形成了独特的优势，秋艳集团在市场经济大潮中挺立潮头。

秋艳集团持续发展，潘炳福没有居功自傲，他时刻牢记自己是大海中的一滴水，在自己发展壮大的同时，应该为政府分忧。1993年，他得知本镇有个贫困村亏损达200多万元的消息后，当即拿出80万元资金，派出技术管理人员帮助他们办起了服装厂、毛纺厂，使这个村当年就得益50多万元。1994年，潘炳福主动出资600万元，建造了王市卫生院。1999年，为建设一流的海虞中学，潘炳福从秋艳集团又拿出3500万元。他的这些举动，得到了全镇人民的一致好评。

改革创新让地方小厂跻身国内龙头企业

——记原常熟开关制造有限公司董事长唐春潮

◎陈燕

从1991年担任厂长，到2010年光荣退休，唐春潮带领常熟开关制造有限公司乘着改革开放的春风，加快科技创新，实现飞跃式发展，从一个地方国有小厂蜕变成为国内低压电器制造业龙头企业。

1991年2月，唐春潮走马上任，担任国营常熟开关厂厂长。当时，企业内亏130万元，加上设备老化、技术落后，仓库无原料，销售无市场，连当月的职工工资也没有着落。严重的生存危机消磨着职工的生产积极性，反之又使企业陷入更深的困境。

面对百废待兴的工厂，唐春潮陷入了沉思：十几年来，这家厂一贯生产DZ-10系列电器开关，这是一种投资不大、加工简单、上批量容易的大路货产品，在物品短缺的年代，企业处于卖方市场，产品尚能供不应求，而今，随着买方市场的逐步形成，尤其是国外众多先进产品的涌入，使得一般产品只能依靠降价竞争，从薄利多销到无利也销，甚至亏本倾销，最终被市场淘汰。他分析，厂里产品销不出去，不是市场总供给已经超过总需求，而是产品的需求结构与供给结构不相适应，只有开发出技术含量较高的产品，才能适应市场的需求，使企业从恶性循环中解脱出来。

然而，说要开发新品，谈何容易！不解决技术和资金两大重点问题，仍然只能一事无成。在中层干部会上，唐厂长出言激昂："企业的命运掌握在我们自己手里，困难再大，也要把腰杆挺起！我不戴有色眼镜看人。愿意为改变企业落后面貌同甘共苦的，我们一起干！"就在这近乎悲壮的情势下，全厂准备"背水一战"。技术人员成立了新品开发组，供销人员变"坐商"为"行商"，职工开展了建厂二十多年来从未有过的大培训、大练兵。通过向市场推出DZ系列的新一代产品DZ-20，总算实现了当年的"平滑过渡"。唐春潮又以"只买种子，不当口粮"的人格担保，在常熟市委、市政府的扶持下，贷来了与当时全厂固定资产价值相当的560万元开发资金，下决心淘汰落后的DZ系列产品，对设备进行高起点的技术改造，开发具有当时国际水平的CM系列产品。

1992年，邓小平南方谈话发表，极大地鼓舞了常熟开关厂的全体员工。此后，他们鼓起干劲，发奋图强，一举攻克了CM的技术难关，于1994年成功研制出了CM1产品。唐春潮带着"新生儿"喜滋滋地奔到上海，为新产品做国家级试验。不料，试验站因产品未经国家立项，不同意试验。唐春潮不甘心，硬是坐在大门口与他们硬缠软磨了一个多小时，终于以诚意打动了对方。试验结果出来，产品达到了国际水平，填补了国内断路器行业的空白！消息像长了翅膀一样传到厂里。厂内一片欢腾，员工们自发地敲锣打鼓、放起了鞭炮，庆贺初战告捷。

CM1适应了市场的需求，加快了国内电器开关的换代更新，从1994年销售3000多台，到后来的100万台、1000万台，一直盛销不衰。CM1开创了我国同类产品自主开发制造的先河，被列为国家级重点新产品，更被专家誉为"为民族争光的产品"。CM1的价格仅为国外同类产品的二分之一或三分之一，但体积却是国外同类产品的三分之一甚至更小，且技术性能也丝毫不逊于国外同类产品。至1997年，达到国际先进水平的CM1已实现累计销售收入超过1亿元，利税超过2300万元。常熟开关厂借此走出低谷，赢得了发展，奠定了自身在国内断路器行业的地位。

唐春潮带领着领导班子艰苦奋斗，埋头练好"内功"，敢于承担风险，将工作重心转移到调整产品结构上，瞄准世界先进水平，开发出自己的高科技产品，用真本领和国际对手搏一搏。他们大胆决策、谨慎融资，以贷来的"种子钱”先后建立了计算机中心、模具研究中心、SMT（表面贴装技术）贴片中心、检测中心，设立了省级博士后技术创新中心，从事具有国内、国际先进水平产品的开发；投入近400万元，将304名员工分批送入南京理工大学、东南大学、河北工业大学、苏州大学、常熟理工学院等高校深造，培养出了一批工程硕士、工商管理硕士，使企业拥有了一支自有的人才梯队。企业还投入巨额资金，建立了基于三维技术的数字化开发研究系统和数字管理系统，国内同行业最先进的电容充放电回路和分断、电寿命试验系统，拥有了智能控制器检测仪、万能试验机、可靠性检测装置等。在工艺装备上，企业在适当引进一些国外高端装备的基础上，把主要精力放在智能制造设备的自主研发上，研发出的自制设备不仅领先于国内同行企业，有的还达到了国际先进水平。

有了强大的精神动力和人才、设备、技术的强有力支持，常熟开关厂的科技创新、科技攻关活动如火如荼。从1991年到2010年末，企业共开发新产品52项，全部达到当时国内领先水平或国际先进水平，其中9项入选国家火炬计划项目，1项入选国家火炬计划重点项目，5项获得国家重点新产品证书，3项获得国家级新产品证书；还有不少产品获得了省级荣誉，有221项产品取得了国家专利。企业也先后荣获1项国家科学技术进步奖二等奖，11项中国机械工业科学技术奖一、二、三等奖，1项中国电工技术学会科学技术奖一等奖，并被认定为国家级重点高新技术企业。

改革的浪潮一浪接着一浪。唐春潮还主导了常熟开关的多次改制。1998年，企业进行第一次改制，改制后职工股占80%，国有股占20%。2000年，公司再次改制，国有股全部退出，转让给企业经营层及部分骨干。2004年，根据政府要求，工会持股转由自然人持股，实行股权相对集中，员工除去分红又获得13万元股份清算收入。2005年，在唐春潮的主持下，为照顾普通员工的利益，常熟开关再一次增资扩股，再度实现了全员出资。2008年，唐春潮经过慎重考虑，为让当地政府分享常熟开关快速增大的经营成果，以及缩小管理层与一般员工的收入差距，将自然人股东的1/3（占注册资本的20%）股权转让给地方国有企业，重新引入了20%的国有股。国有股份的退出与再次进入、满足全员持股、满足管理层持股等，这一次次的股权改革，是常熟开关在股份制改革上的不断探索，也催生了一个制度逐渐健全的现代企业。改制后，常熟开关在常熟市的地税纳税额连续10年夺冠。

企业在发展，改制的路没有结束。2010年6月，唐春潮根据《中华人民共和国公司法》第72条规定，逐一说服当时公司的38位股东，让股东退休时将股份全部退出，确立了退休退股的公司章程。为了起到表率作用，唐春潮在2010年底正式退休时，转让了自己所持有的全部公司股份。退休退股章程，形成了股份有序流转机制，实现了企业可持续发展。

唐春潮以开拓企业的远见卓识、不畏困难的奋斗精神、脚踏实地的工作作风、凝聚职工的人格魅力和带领员工创造的骄人业绩，引领常熟开关制造有限公司从一个地方国有小厂成长为业内龙头企业，唱响了一首改革开放和科技创新的高歌。他先后被评为机械工业科技专家、国务院政府特殊津贴专家、江苏省劳动模范、江苏省优秀民营企业家、江苏省优秀党务工作者、中国优秀民营科技企业家等，获得全国五一劳动奖章。如今，他还是常熟开关制造有限公司终身荣誉董事长，继续为常熟开关制造有限公司的发展发光发热。

敢教琴湖换新颜

——记江苏琴湖集团有限公司董事长杨生生

◎李英龙

前不久，江苏琴湖集团有限公司董事长、琴湖（村）社区党委书记杨生生被评为常熟市改革开放40周年特殊贡献经济人物。四十年改革风雨兼程，四十年奋斗成果丰硕。提起杨生生，琴湖人都会伸出大拇指夸耀说："他是我们的好书记。"

大胆改革　荒滩变乐园

村里小道泥泞，湖边杂草丛生，农舍破落陈旧，池塘星罗棋布，看不到一家像样的工厂。这就是四十年前琴湖村的面貌。琴湖村虽然地处城郊，却是一个出了名的穷村。20世纪70年代初，人均年分配收入不到100元，村全部资产仅有3.2万元。1975年，镇党委任命杨生生为琴湖村党支部书记，将改变穷村的重担搁到了他的肩上。那时，他还是一个不满三十岁的小伙子。上任后，目睹村里的困难状，杨生生看在眼里，急在心里，暗暗发誓：穷则思变。

十一届三中全会的春风吹进了琴湖村。杨生生首先产生了利用荒滩湖圩建农民公园的想法。但村民并不理解，能行吗？杨生生耐心与大家商量，终于得到大部分村民的支持。他拿出手头仅有的一点积蓄，集资20万元开始建设。

他带领大家挑土填滩，自己动手搞建设，不到半年，宾馆、停车场建成开张，生意十分火爆。

功夫不负有心人，四年下来，不仅收回了全部投资，归还了村民集资款，还积余了40多万元。

手里有了一点资金，发展的动力更足了。

建村办企业是当时带领农民致富的好办法。杨生生奔波于常熟与上海之间，以真诚感动别人。一次偶然的机会，上海纺织局的领导来常熟出差，住在琴湖宾馆，对琴湖公园留下了良好印象，于是主动向杨生生抛出了橄榄枝。通过多次会谈，琴湖村与上海织袜五厂达成了联合创办织袜常熟分厂的合作项目。织袜常熟分厂有着日产16000双袜子的生产能力，产品远销20多个国家和地区，企业利润快速攀升。

艰苦创业，数年历练，杨生生提出“三产起家，二产壮大，北工南商，外向拓展”的总体发展思路。在产业结构上，由单一型向多元型转化，从单一的农业经济逐步发展为工、商、贸、建、服五位一体综合经营经济。在企业领导体制和管理模式上，向比较规范的现代企业制度转换，逐步克服以往那种村办企业作坊式的管理方式。在经营策略上，由国内型向国际型转化，先后建成常熟华厦房地产有限公司、琴湖毛纺厂、长琴制衣公司、康全织袜公司、琴湖制衣厂、琴湖包装厂、凯尔捷皮件有限公司等十多家村办企业。在管理体制上，由包揽型向规范型转化。1994年，各村办企业实现产值2.39亿元，利税2335万元，被批准设立为江苏琴湖集团有限公司。琴湖村完成了由一个贫穷村转变为富裕村的蜕变。

村级经济力量壮大了，杨生生将目光投向第三产业，将地势低洼、杂草丛生的荒湖滩，改造成既有苏州园林古朴典雅风格，又有水乡田园风光山色的琴湖园，新建宾馆、舞厅、游乐等设施，吸引海内外游客。琴湖园每年接待中外游客几十万人次，成为常熟闻名的“城中乐园”。杨生生的这种魄力在当时是很少见的。

快速发展　老村换新颜

改革开放给琴湖村带来了丰硕成果，但杨生生并不满足现状。当时镇领导从平衡发展、做大做优的角度出发，决定实行琴湖、绿源、渔业三村合并。杨生生欣然接受了这一决定。合并以后，首先要解决富余干部的流向问题，实现稳定运转。杨生生苦口婆心做村干部思想工作，千方百计提供工作岗位，实现有序分流。被合并村的经济实力相对薄弱，整体经济压力加大，只有靠发展才能解决合并后的难题。杨生生充分发挥三村合并后的优势，将原有企业进一步做大做强，房地产项目进一步延伸，形成新的经济增长点；关心村民生活，慰问贫困户，以统一标准提高村民的医疗及其他方面保障水平；全面启动村级道路、污水管网、自来水、天然气等基础设施的改造工程，统一规划安排宅基地，使全村面貌焕然一新。合并后的琴湖村整体运转良好，受到上级领导和村民的一致好评。

20世纪90年代初，旧城改造启动。凭着敏锐的洞察力，杨生生决定与前世界乒乓球冠军、香港长展有限公司董事长林慧卿合作经营房地产。他们不赶别墅、写字楼、高尔夫球场之类的新浪潮，而是建了1万多平方米的住宅房。由于户型合适、售价低廉，房屋还未造好，就被常熟市老城改造办公室全部收购，用作动迁房源。

一仗获胜，接下来便连战连捷。

他带领公司参与建设新颜东路商业街，该商业街全长423米，建筑面积3万多平方米。项目建成后，杨生生通过多方关系与台湾润泰集团合作，开设常熟市第一家大卖场——大润发（常熟店）。由于货源充沛、质量可靠、价格合理，大润发成为常熟人家喻户晓的大型超市，成为常熟人的首选超市品牌，年销售额达8亿元，是大润发县级市店中的佼佼者。从此，原来的茭白地建成了琴湖现代商业圈，昔日冷清的新颜东路逐步变成了繁华的商业区，以她的高颜值焕发出迷人的风采。

紧接着，位于海虞南路的蓝天家园项目也很快启动。该项目征地60多亩，建筑总面积10万多平方米，设计理念前卫，紧贴市场前沿，功能超前，受到广大消费者的青睐，房屋很快售罄。琴湖集团的房地产开发从此逐步走向规范。

转型升级　调整求突破

面对激烈的市场竞争，杨生生清醒地意识到，村办企业粗放型发展的做法已不适应经济发展的要求，只有转型才能更好地发展，才能不断巩固已有成果，与时俱进。经过村及集团领导班子反复讨论，大家统一思想，提高认识，决定接受市场经济的挑战。2000年，琴湖集团实行企业整体转制，组建江苏琴湖集团有限公司，杨生生兼任董事长。企业转制后，一方面，来自企业内部的经济压力更大了；另一方面，杨生生继续兼任村党支部书记，需要处理村里的各种事务。一年365天，他没有一个整天在家休息，全身心扑在工作上。

城市建设规划的调整，直接影响到了琴湖集团的几家骨干支柱企业。杨生生以大局为重，服从市委、市政府的统一安排，对现有企业实施关停并转。毛纺厂、织袜厂因城市规划需要动迁，其他几家小型企业分类施策，或转让，或关停。这样一来，苦心经营几十年的集团经济格局发生重大变化，集团经济缺少了强有力的支撑点，寻找新的出路成为摆在琴湖人面前的一个重大课题。

实施集团产业结构调整，不能走简单重复的老套路，这是我们的必然选择。杨生生果断地提出新的发展思路：

第一，跨出常熟，寻求发展空间。十年前，琴湖集团响应江苏省政府“苏南苏北结对帮扶”的号召，来到淮安市涟水县，征地300多亩，开发龙源国际房地产项目，总建筑面积40万平方米。经过十年努力，目前项目已进入尾声，成为当地一道亮丽的风景线。琴湖集团成为当地利税前三名企业，有力地促进了社会经济的发展。

第二，探寻资本运作新路径。琴湖集团联合6家兄弟企业，设立常熟市理尔邦农村小额贷款有限公司，为“三农”人员及小微企业做好信贷服务。该公司配备精兵强将，严格管理，强化制度，经营8年多来业绩卓著，成为常熟不良资产率最低、营利能力最强的小额贷款公司。

第三，进一步创新房地产开发模式。近几年，常熟市乡镇建设发展迅速，流动人口日益增多，交通更加便捷畅通。杨生生看到这一潜在的商机，选择梅李镇作为开辟乡镇商业圈的目标地，以商业圈加住宅的新模式进行房地产开发。经过两年的努力，638套住宅在开盘当天销售一空。另外，与大润发上海总部再度合作，已正式签约共建大润发梅李店，商铺总面积3.6万多平方米，成为全市乡镇最大的商业圈。

持续提升　党建做保障

琴湖村、琴湖集团的持续发展提升，党建工作是坚强有力的保障。杨生生作为琴湖村党委（原为支部）书记兼琴湖集团党委书记，在这个岗位上已默默奋斗了45年，他为琴湖村、琴湖集团奉献了一片忠诚。多年来，他坚持以经济建设为中心，抓住机遇发展企业集团；将原来的贫困村建设成为明星村；两个文明一起抓，保障经济建设顺利进行；牢记党的基本路线，始终紧抓发展生产力；将精神文明建设渗透到各项经济工作中，实现两个文明建设有机结合；在集团上下开展“爱国家、爱琴湖、爱岗位”的“三爱”教育活动，严于律己，不谋私利。

有一次，支部组织党日活动，杨生生母亲想随车外出参观游览，他当即劝说母亲不要占集体的便宜，并答应母亲下次专门陪同老人家去游览。他的妻子一直在工厂工作，没有得到特殊照顾。两个女儿还年幼时，家里没人照顾，他不允许带孩子到单位上班，因此受到市长大会表扬。子女长大后，没有一人靠他的照顾进入集团所属企业或在村里任职。在家庭经济困难时期，他从未向村集体或公司借一分钱。他勤政廉政，在村党委和所属企业中建立健全了“三会一课”制度，制定廉洁自律工作守则，带头艰苦奋斗。十多年来，杨生生放弃了应得的工资，将所有工资全部用于慰问村级贫困户等。而他自己办公室里的沙发是二十年前购买的，他不愿更换。在杨生生的带领下，琴湖村、琴湖集团培养出了一支具有艰苦奋斗精神、作风优良的管理团队，受到广大群众的一致赞誉。

回报社会　无私讲奉献

琴湖集团不断发展壮大，从未忘记回报社会。杨生生把目光聚焦到村里的公益事业上。社区看病难、看病贵问题是突出问题。2007年，村里先后投资3500万元，建办了常熟市首家非营利性平价医院——琴湖惠民医院（常熟市老年医院）。十多年来，惠民医院提供门诊服务200多万人次，住院3万多人次，满足了附近群众及常熟众多老年人的需求，为解决因病致贫、因病返贫问题发挥了重大作用。2016年，为配合常熟市琴湖片区综合改造工程顺利实施，琴湖集团又决定投资4亿元，征地20亩，打造一个建筑面积5.6万平方米，床位500多张，集医疗、养老、护理、康复为一体的新惠民医院。

随着人口老龄化加剧，社区养老服务供不应求。他将养老事业提升到构建和谐社会、发展新型产业的高度去做。2009年，村里投资1000万元，建成虞山镇首家非营利性的民办养老院——常熟市阳光家园，该养老院建筑面积4000多平方米。2013年，村里又投资1亿元实施养老院提升性搬迁。养老院床位增加至450张，环境设施优良，帮天下儿女尽孝，替世上父母解难，为党和政府分忧。

实施“帮扶工程”，解决困难群众和老弱病残党员的实际困难。对生产生活困难的村民群众和年老体弱党员，由社区（村）党委组织党员、社区（村）干部和生活较富裕的群众实行“一帮一”结对帮扶，广泛开展帮生产、帮技术、帮生活、帮思想、帮发展思路的“五帮”活动。杨生生常说：“群众在我们心里的分量有多重，我们在群众心里的分量就有多重。”他经常到村民家中了解情况和访贫问苦，给予一定的资金补助，帮助解决实际问题。据不完全统计，近几年来，杨生生个人及琴湖村、琴湖集团先后向贫困人员资助资金60万元；帮助两个兄弟村脱贫致富，走上共同富裕之道；先后援助受灾和贫困家庭28户累计30余万元，帮助其走出困境；为社会老人、儿童、助残、助学、帮困、救灾、红十字会基金及公益活动等捐款达500余万元。2009年至今，他又带领党员干部先后与涟水县20名贫困家庭中小学生结对，提供他们从小学至大学读书期间的全部学费和生活费。

拥军是杨生生长期以来十分重视的一项工作。琴湖集团与空军驻常部队结成双拥共建单位已有24年，双方结下了深厚的双拥之情。琴湖集团给部队赠送汽车、桌椅、空调、冰箱等生活设施设备，还出资建造了双拥楼、家属公寓楼，累计投入拥军款总额超过200多万元。

四十多年来，琴湖发生了翻天覆地的变化，也取得了许多荣誉。琴湖村（社区）连续几年被评为江苏省文明单位、江苏省卫生村、苏州市先锋村（社区）、苏州市农村综合经济实力百强村。琴湖集团被评为江苏省文明单位、江苏省明星企业。杨生生个人被评为全国孝亲敬老之星、江苏省优秀企业家、江苏省劳动模范、苏州市人大代表、苏州市优秀党务工作者、常熟市十佳共产党员等。

如今的琴湖村，村民全部住上农民别墅，道路全部硬化，路灯、宽带、汽车、天然气一应俱全。矗立在琴湖之畔的琴湖集团大楼、琴湖惠民医院新大楼、大润发常熟店、阳光家园养老院已成为东部城区的标志性建筑。琴湖片区综合改造正式启动，琴湖村已融入城区，湖在城中，相互辉映，已成为城市的一张崭新名片。

站在琴湖边，看到面前一派喜人的景象，杨生生说："琴湖是常熟的门户和地标，我们不能满足现状，一定要撸起袖子加油干，让琴湖更美丽，让琴湖之水源远流长、生生不息。"

成为民间智库的优秀产品

——记原江南仪表总厂厂长袁勤生

◎陈燕

袁勤生，原常熟市江南仪表总厂厂长。他是国内提倡并实施“以人为本”开明管理思想的第一人。他的论文《以人为本一体化激励工作法》，在“半月谈全国思想政治工作创新奖”评奖活动中荣获特等奖。他曾被中共中央组织部、中共中央宣传部、国家经贸委和全国总工会联合授予全国优秀企业思想政治工作先进者荣誉称号，先后被南京大学等8所高校聘为客座教授，在中共苏州市委党校兼职授课17年，自1983年到2005年为全国各地25万人做了390多场“以人为本的开明管理”专题报告，在各地党政机关、企事业单位和高等院校中引起强烈反响。他的“袁勤生管理思想”成为民间智库的优秀产品。

“袁勤生管理思想”的形成有一个较长过程，经历了25年的实践和10年的研究，是袁勤生50多年来特别是改革开放40年来，先后在我国国有工厂、集体企业、乡镇机关和民营企业工作的实践体会，结合中外管理科学的理论研究，逐步完善起的一套以人为本的开明管理理念和具体管理的方式方法。

该思想的最初阶段是“四改一渗透”这一改革创新思想的提出。当时还在改革开放初期，大家“摸着石头过河”的时候，袁勤生冲破来自各个方面的阻力和干扰，对当时触动企业神经的经济分配制度、招工用人制度、产销管理制度和干部任用制度等四个方面进行彻底改革，并提出为消除和减轻改革带来的阵痛，要把思想政治工作渗透进改革的全过程，即“四改一渗透”。对此经验，1987年12月14日，中共常熟市委、常熟市人民政府联合发文在全市实施，中共江苏省委号召在全省推广。“四改一渗透”思想打破了计划经济体制长期以来的条条框框，具有破冰的历史意义，为企业初期改革提供了一个成功范例。

1990年6月，袁勤生的处女作《中小企业管理思考百题》一书由上海人民出版社出版。这是国内第一部由企业家根据改革实践撰写的管理专著。新华通讯社、《人民日报》等主流媒体均发了消息，中央电视台《新闻联播》做了报道。1991年7月，袁勤生的《以人为本一体化激励工作法》论文获“半月谈全国思想政治工作创新奖”特等奖。“以人为本一体化激励工作法”以尊重人为核心，以激励人为主导。这一管理思想和工作方法，既区别于外企，又不同于国企，也摆脱了乡企和民企的管理特色。1993年11月，时任南京大学国际商学院院长的我国著名管理学专家周三多发表长篇论文，首次提出了“袁勤生管理思想”这个命题。

20世纪90年代至21世纪初，袁勤生连续出版了三部专著，即《中小企业管理思考百题》《以人为中心的管理》《开明管理与以人为本》。他的中英文双语版专著《开明管理与以人为本》2003年被国家经贸委定为全国经济管理干部培训教材。他在这些著作中系统地提出了“以人为本的开明管理”这一命题，并以丰富鲜明的观点和内容进行解题，获得了企业界的热烈欢迎和理论界的高度重视。之后，他面对错综复杂的社会现象，不断深入地进行思考，对企业管理和社会管理又分别提出了一些新思想、新观点，不断创新、完善他的管理理论，从而逐步形成了真正意义上的“袁勤生管理思想”。

“袁勤生管理思想”的核心是“以人为本”。30多年前，袁勤生辞去镇工业办公室副主任职务，请缨到一家乡镇企业担任厂长。当时工厂濒临倒闭，企业原领导对工人动辄实行处罚，还在企业中搞特权，以致人心涣散。他上任后，立即宣布对已经决定开除的6名职工“刀下留人”，并表示从今往后不动用开除职工的权力，并称“开除职工是厂长无能的表现”，同时接纳了被其他单位辞退、开除和解除劳教的5名职工；在经济分配上，取消了评等级发奖金和违章罚款的粗暴简单的做法，按劳分配，文明发奖，不搞经济罚款，实行以奖代罚、只奖不罚，使本来死气沉沉的企业出现了新的气象。

激励管理是“袁勤生管理思想”的重要特征。袁勤生认为，人是需要激励和鼓励的，精神的激励作用往往胜过物质的刺激作用。当时企业和社会管理普遍实施防范性管理、补救性管理，而“袁勤生管理思想”倡导实施带有超前性的激励管理，注重激发人的主观能动性，强调的是正面激励、精神激励，淡化消极防范，引导人们自觉遵纪守法守规。他充分运用坚定信念激励法、心爱工作激励法、参与管理激励法、言者有功激励法、能上能下激励法、设置目标激励法等12种激励法，最大限度地激发职工的主人翁意识和聪明才智，充分发掘他们的生产工作潜能，取得了显著效果。他强调职工是企业的主人，认为这对任何性质的企业来说都不能动摇，这是中国特色社会主义制度所决定的。

“袁勤生管理思想”的灵魂是改革创新。他认为，中国特色社会主义制度本身是世界范围内的一种制度创新，我们不仅要学习和借鉴人类社会一切成功和先进的经验，还应该充满自信地走自己发展的道路，这就决定了我们必须改革创新。“袁勤生管理思想”的理念和方法，形成于我国改革开放的过程中，他认为，学习发达国家的成功经验是对的，但一切照搬照抄是错误的，水土异地，不能简单“移植”。他认为，我们应该把学习借鉴、挖掘继承和开拓创新相结合，最终展示中国特色的特定优势。

他认为，做好人的思想工作也是中国特色社会主义的一个特征，在全面深化改革中，思想工作不能放松，更不能放弃。袁勤生在实践中坚持思想工作的“三个转变”：从以往的组织号召转变为积极鼓励引导；从以往的强制人们参加转变为吸引大家自觉参与；从以往的占用劳动时间开展转变为占领职工业余阵地进行。

袁勤生的管理思想和理念充满了创新的精神，他积极倡导创新思维方式、创新管理方法、创新管理机制。他的许多著名观点，如“允许职工七进七出”“鼓励人人假积极”“罚款是管理工作的暴政”“提倡爱一行干一行，鼓励爱什么学什么”“客观因素造成的职工违章违纪一律豁免”“开设自知之明奖和纠正错误奖”等，已成为“袁勤生管理思想”中的精彩亮点。